신개념한국명리학총서 ②

손금으로 자기운명 알 수 있다

(손금은 이런 손금이 좋다)   백준기 역

📖 법문북스

첫 머리에

사람은 누구나 이따금 자기 손을 들여다 보게 된다. 이를테면 수상(手相)을 볼줄 모를지라도 의식하지 않은채 가만히 손을 들여다 보게 된다.

그것은 손이라는 것이 생활과 밀착되어 있고 마음과 밀착되어 있음을 우리들이 알고 있는 까닭이라고 하겠다. 사실 손은 마음의 움직임, 몸의 변화를 여실히 나타내 주는 것이다. 성을 내거나 걱정하거나 또는 사랑을 하게 되는 등 이모저모로 마음의 미묘한 변화가 손의 색깔에 나타나고 또 손금(紋線)으로서 새겨지게 되는 것이다. 이것은 뇌의 중추신경의 작용이 손으로 집중되어 표현되는 결과인 것이다.

구약성서 「욥」에도 「하느님은 사람의 손에 부호(符號) 또는 인장을 주었나이다. 그것은 이로써 모든 사람들에게 그들의 직분을 알게 하려 한 것이니라」고 하였다.

손의 신비라고나 할까? 사소한 일에서부터 뜻하지 않은 일까지 손은 알고 있는 것이다. 그것을 읽고 그 속삭임에 귀를 기울이는 것이 바로 수상(手相)을 보는 것이다.

수상을 본 역사는 아득한 옛날로 거슬러 올라간다. 수상을 연구하여 기록하고 있는 가장 오래된 것으로는 「인도」의 동굴안에 세워진 사찰(寺刹)에 보존되고 있다. 그것은 인간의 피부에 피 같은 것으로 기술된 세권의 수상서(手相書)로써 거기에는 많은 기호나 문장(紋章)의 관찰이 기록되고 있다는 것이다.

물론 「희랍」이나 「구라파」 각지 및 중국에서도 수상의 연구는 아득한 옛날부터 행해져서 그 연구서는 오랜 세월을 거쳐 현재까지 잔존(殘存)되고 있는 것이다.

이와같이 수상의 역사는 몇백년 몇천년이고 이어져 내려왔으나 우리들은 자기자신의 손을 들여다 볼 때 거기에 오랜 역사 신비적인 것이 담겨 있음을 아니 느낄 수 없을 것이다. 옛사람들도 자기의 손을 들여다 본 것이 분명하다.

그런데 우리들은 사람마다 제각기 다른 수상을 가지고 있다. 제마다의 손이 그 사람의 인생에 대한 모든 것을 증언하고 있는 것이다. 당신의 손이 대관절 어떤 것을 증언하고 있을까? 하고 한번 유심히 손을 들여다 보고 그 증언을 주의깊게 들어보고 싶지 않겠습니까?

그 결과 자기 스스로가 파악하기 어려운 자기의 본질이나 장래의 예지(豫知) 등을 이해하고 거기에 대처할 방향을 알게 될 것이다. 즉, 그리하여 자기의 장점은 신장하도록 하고 결점은 고치는 노력을 해야 할 것이다. 이 노력은 반드시 보다 알찬 인생의 터전이 될 것이다.

나는 이 책을 저술할 때 지나치게 어려운 수상 전문자로서가 아니라 초심자도 여행중 차내(車內)에서라도 읽고 쉽게 알 수 있도록 하였다. 여러분 또는 친지들에게 인생에 다소나마 도움이 될 것을 믿어 의심치 않는다.

손금은 이런 손금이 좋다 ●차례

제1장 손금의 신비

집구석 장군을 노력으로 극복한 청년 /14

자기의 성격을 알고 이혼운을 극복한 아내 /16

바람기를 버리고 충실한 나날의 사업가 /18

반성과 자신을 되찾고 합격한 수험생 /20

첫사랑에 실패하였으나 오히려 명랑하게된 소녀 /22

세번째의 사랑에 열매를 맺은 아가씨 /24

남녀 반대의 수상이 되어 있는 부부 /26

단것을 좋아하는 어린이의 손금 /28

제2장 실천수상법

손금을 보는 요령 /32

좌우의 어느쪽 손을 보는가? /33

손을 내밀 때부터 관찰한다

손모양의 관찰

손의 크고 작음을 본다 /39

손의 강유(剛柔)를 본다 /40

손의 색깔을 본다 /41

손금은 이런 손금이 좋다 ●차례

수형(手型)을 보는 법

첨두형(尖頭型)의 손 /45

원추형(圓錐形)의 손 /46

결절형(結節型)의 손 /47

사각형(四角型)의 손 /48

주걱형(型)의 손 /50

원시형(原始型)의 손 /51

혼합형(混合型)의 손 /52

손가락을 보는 법

손가락의 명칭(名稱)과 의미(意味) /56

무지(拇指)를 보는 법 /58

인지(人指)를 보는 법 /60

소지(小指)를 보는 법 /61

중지(中指)를 보는 법 /62

약지(藥指)를 보는 법 /64

손톱을 보는 법

손톱의 형상(形狀)과 의미(意味) /67

손톱의 변화(變化)로 보는 법 /69

반달을 보는 법 /70

흰점·검은 점을 보는 법 /71

손금은 이런 손금이 좋다 ●차례

장구(掌丘)를 보는 법

장구(掌丘)의 명칭(名稱)과 의미(意味) /73

목성구(木星丘)를 보는 법 /75

토성구(土星丘)를 보는 법 /76

태양구(太陽丘)를 보는 법 /77

수성구(水星丘)를 보는 법 /78

제1화성구(第一火星丘)를 보는 법 /79

제2화성구(第二火星丘)를 보는 법 /80

금성구(金星丘)를 보는 법 /82

월구(月丘)를 보는 법 /83

화성평원(火星平原)을 보는 법 /84

손금(紋線)을 보는 법

손금(紋線)의 명칭(名稱)과 의미(意味) /89

생명선(生命線) ① 기점(起點)을 보는 법 /91

생명선(生命線) ② 말미(末尾)를 보는 법 /92

생명선(生命線) ③ 흠 등이 있는 경우 /94

생명선(生命線) ④ 선상에 섬이 있는 경우 /95

생명선(生命線) ⑤ 도중에서 선이 끊어져 있는 경우 /97

생명선(生命線) ⑥ 기타의 이상을 보는 법 /100

두뇌선(頭腦線) ① 기점(起點)을 보는 법 /103

두뇌선(頭腦線) ② 장단(長短)으로 보는 법 /105

손금은 이런 손금이 좋다 ●차례

두뇌선(頭腦線) ③ 말미(末尾)를 보는 법 /106

두뇌선(頭腦線) ④ 2중 두뇌선을 보는 법 /110

두뇌선(頭腦線) ⑤ 패조선을 보는 법 /112

두뇌선(頭腦線) ⑥ 도중에서 잘려 있는 경우 /113

감정선(感情線) ① 기점(起點)을 보는 법 /115

감정선(感情線) ② 장단(長短)을 보는 법 /116

감정선(感情線) ③ 말미(末尾)를 보는 법 /117

감정선(感情線) ④ 지선(枝線)이 있는 경우 /122

감정선(感情線) ⑤ 도중에서 잘려 있는 경우 /125

운명선(運命線) ① 기점(起點)을 보는 법 /128

운명선(運命線) ② 말미(末尾)를 보는 법 /133

운명선(運命線) ③ 도중에서 잘려 있는 경우 /135

운명선(運命線) ④ 지선(枝線)이 있는 경우 /137

태양선(太陽線) ① 기점(起點)을 보는 법 /139

태양선(太陽線) ② 말미(末尾)를 보는 법 /143

금성대(金星帶)를 보는 법 /146

결혼선(結婚線)을 보는 법 /150

건강선(健康線)을 보는 법 /155

재운선(財運線)을 보는 법 /158

야망선(野望線)을 보는 법 /161

반항선(反抗線)을 보는 법 /163

손금은 이런 손금이 좋다 ●차례

여행선(旅行線)을 보는 법 /165

손목선(線)을 보는 법 /167

직감선(直感線)을 보는법 /169

자손선(子孫線)을 보는 법 /170

음덕선(蔭德線)을 보는 법 /173

제3장 그런데 당신의 손금은?

성격(性格)을 점(占)친다

성격(性格)을 점(占)치는 요령(要領) /177

사교가 능숙(能熟)한 형의 상(相) /178

신경질(神經質)적인 형의 상(相) /179

심술궂은 상(相) /180

고집쟁이 상(相) /181

부추김에 잘 타기 쉬운 상(相) /182

여걸(女傑)의 상(相) /183

의뢰심이 강한 상(相) /184

아이디어맨의 상(相) /185

애정운(愛情運)을 점친다

애정운(愛情運)을 점(占)치는 요령(要領) /187

행복(幸福)한 사랑을 얻는 상(相) /188

손금은 이런 손금이 좋다 ●차례

연애결혼(戀愛結婚)을 하기 쉬운 상(相) /189

맞선결혼으로 행복(幸福)을 잡는 상(相) /190

다정 다감(多情多感)한 상(相) /191

사랑에 냉담(冷淡)하고 둔감(鈍感)한 상(相) /192

한 눈에 반하기 쉬운 상(相) /193

조혼(早婚)의 상(相) /194

연하(年下)의 남성(男性)과 결혼(結婚)할 상(相) /195

애정(愛情)에 빠지기 쉬운 상(相) /196

꽃가마를 탈 상(相) /197

질투심(嫉妬心)이 강(强)한 상(相) /198

부부생활이 위기(危機)에 처한 때의 상(相) /199

바람기, 불순이성(不純異性) 교유(交遊)의 상(相) /200

섹스에 강한 상(相) 탐닉(耽溺)할 상(相) /201

직업운(職業運)을 점친다

직업운(職業運)을 점(占)치는 요령(要領) /203

회사원형(會社員型)의 상(相) /204

예술가(藝術家) 타입의 상(相) /205

예능계(藝能界)에서 성공(成功)하는 상(相) /206

학자(學者)나 교육자(教育者)에 맞는 상(相) /207

과학자(科學者) 등 이공계(理工系)에 맞는 상(相) /208

장사 외교원(外交員)에 맞는 상(相) /209

해외(海外)로 나가 성공(成功)할 상(相) /210

일국일성(一國一城)의 주인(主人)이 될 상 (相) /211

물장사로 성공(成功)하는 상(相) /212

전직(轉職)을 자주하는 상(相) /213

사회복지(社會福祉)에 맞는 상(相) /214

프로·스포츠에 맞는 상(相) /215

건강장수운(健康長壽運)을 점친다

건강장수운(健康長壽運)을 점(占)치는 요령(要領) /217

장수형(長壽型)의 상(相) /218

병약(病弱)한 상(相) /219

척추병(脊椎病) 견병(肩病) 신경통에 걸리기 쉬운 상(相) /220

소화기계(消火器系)가 강한 상(相) /221

심장(心臟)이 약(弱)한 상(相) /222

간장(肝臟) 신장(腎臟)에 요주의의 상(相) /223

신경쇠약(神經衰弱)이 되기 쉬운 상(相) /224

암(癌)에 요주의(要注意)의 상(相) /225

불임증(不姙症)의 경향(傾向)이 있는 상(相) /226

고혈압(高血壓) 중풍(中風)에 주의(注意)할 상(相) /227

호흡기계(呼吸器系)에 요주의의 상(相) 228

돌발성(突發性) 신경통(神經痛) 간질의 상(相) /229

재난(災難)에 의한 부상(負傷)의 상(相) /230

손금은 이런 손금이 좋다 ●차례

급한 성미나 싸움에 의한 부상(負傷)의 상(相) /231

재운(財運)을 점친다
재운(財運)을 점치는 요령(要領) /233
재산가(財産家)가 될 상(相) /234
타인의 원조(援助)로 득재(得財)할 상(相) /235
착실형(着實型)의 상(相) /236
인색한 형(型)의 상(相) /237
뜻밖의 횡재(橫財)할 상(相) /238
부동산운(不動産運)에 강한 상(相) /239
돈이 나가기 쉬운 형(型)인 상(相) /240
내기에 강(强)한 상(相) /241

가정운(家庭運)을 점친다
가정운(家庭運)을 점(占)치는 요령(要領) /243
가정형(家庭型)인 상(相) /244
자식복(子息福)을 타고 난 상(相) /245
시어머니와 사이가 나쁜 상(相) /246
이혼(離婚)하기 쉬운 상(相) /247
가정내의 장식(裝飾)에 열중하는 상(相) /248
교육(教育)에 열성(熱誠)이 대단한 상(相) /249
부모, 형제, 친척 때문에 고생할 상(相) /250

제1장
손금의 신비

14

집구석장군을 노력으로 극복한 청년

18세 때 아버지를 여읜 K군은 그 뒤 어머니와 누님 이렇게 세 식구가 단출하게 살아왔다. 가족 중에서 유일한 남자인 것이다. 당연한 것이겠지만 어머니와 누님이 의지할 기둥이 되고 애지중지 떠받들음을 받는 환경속에서 자라는 동안 26세의 봄을 맞이하였으나 아직 미혼이었다.

그러던 어느날, K군의 어머니가 전화로 울면서 상담해 왔다.

「아주 양순하고 식구들을 위해주는 좋은 아들이지만, 때때로 어쩌다가 여자 친구들의 이야기가 나오면 화를 냅니다. 며칠 전에도 무슨 일로 화를 내고는 나에게 달려 들었습니다. 그런가 하면 회사에서는 무엇을 시키더라도 싫다하지 않고 맡아서 하는 등 고분고분해서 좋은 아들을 두어서 좋겠다고 인사를 듣기까지 했습니다. 아들의 본바탕은 어떤 성격일까요? 고칠 수는 없겠는지요?」

그런데 그 K군은 어머니의 권유로 나에게 찾아왔었다. 그래서 손을 보았더니 두뇌선도 나쁘지 않고 유달리 신경질적인 것이라고 할 수 있는 긴 감정선도 없었다. 보통 흔히 있는 그런 수상(手相)이겠지만 단지 반항선에 특징이 있었다.

공사(公事)를 표시하는 왼손의 반항선은 전혀 없으므로 사회생활에서는 매우 양순하고 자기를 내세우는 고집도 없었다. 무슨 일이건 주위의 사람들을 위하여 노력하고 참을성도 있는 그런 형(型)임으로 바깥에서의 평판은 대단히 좋은 것이다.

그러나 오른손의 반항선이 굵고 뚜렷하게 상승하고 있었다. 그 결과 사생활에서나 가족 앞에서는 제멋대로 행동하여 반항선을 폭발시켜서 어머니에게 걱정을 끼치게 된 것이다.

　나는 K군의 여성관이나 좋아하는 여자가 있다는 이야기를 듣고는 대외생활에는 좋은데, 집안에서는 응석부리는 제멋대로 하는 나쁜 버릇 때문에 가정운이 어떻게 된다는 이야기를 주고 받았던 것이다.

　뿐만 아니라 바깥에서는 지나치게 유순하여 남에게 이용만 당하는 경우의 손해는 장차 출세운에까지 영향을 미치게 된다는 것과 왼손 인지(人指)가 표준보다 길어서 직장에서의 지배운도 지니고 있다는 것을 설명하고 좀더 사나이다움을 발휘하도록 말해 주었다.

　그 뒤 K군은 결혼문제까지도 염두에 두고 노력하였겠지요. 1년쯤 지나서 궁합을 보려고 그의 어머니가 찾아왔을 때는 집구석장군의 나쁜 성격이 고쳐졌다는 것이다. 그와 동시에 왼손에 쭉 곧은 반항선, 오른손에 하강의 반항선이 나와 있었다. 손금은 변화하는 것이다.

자기 성격을 알고 이혼운을 극복한 아내

　결혼후 10년 남짓하여 아이도 둘이나 있는 부인인데 아무래도 남편과 성격이 맞지 않는다는 것이다.

　「자식을 생각하면 괴롭지만 싫은 상대와 한평생 살 것을 생각하니 견딜 수 없어요. 차라리 큰 마음 먹고 헤어져 버렸으면 하고 생각하는데요?」

　그런 질문이었다. 그래서 수상(手相)을 보았더니 뜻밖에 크고 건실한 손으로서, 여성으로서는 제법 가정적인 좋은 수상이었다. 유달리 허영심이 강하거나 게으른 사람도 아니었다. 그러면 남편에게 나쁜 결점이 있느냐 하면 그렇지도 않고, 날마다 규칙적으로 집과 회사 사이를 왕복하고 있다는 것이다.

　무엇이 그녀로 하여금 그런 생각을 하게 하였을까? 특별한 결점도 없었다. 굳이 말한다면 조금 두뇌선의 「Curve」에 결점이 있을 정도였다. 이 두뇌선의 「Curve」에 있는 결점이 약지(藥指)의 밑 부근에 있는 경우에는 유순성이 부족한 성격으로서 제멋대로 하는 버릇이 있다. 그리고 소지(小指) 아래의 결혼선이 하강한 느낌이 있었다. 이것은 조심하지 않으면 정말 헤어지는 결과가 될 것 같았다.

　궁합도 괜찮은 편이고 아이들도 있으며, 과음하거나 바람을 피우는 남편도 아니었다.

　나는 극력 이혼의 불가를 역설하였다. 세상에는 더 나쁜 남편도 있는 경우가 있다는 것, 남편의 말을 유순하게 듣고 상대의 장점을 찾도록 할 것, 부인 자신에게도 결점이 있을 터이니 어떻든 앞으로 1년간은 상대를 살펴 볼 것, 그렇게 하고서도 어쩔 수 없으면 이혼해도 늦지 않을 것 이라고 하였다.

　그 뒤로 다른 상담 때문에 가끔 찾아오기도 하였으나 1년 쯤 지난 어느날 곰곰히 생각을 돌이키면서 말하는 것이었다.
　「부부간을 반성하면 틀림없이 자기에게도 지나치는 면과 비틀어진 성질이 있었던 겁니다. 1년간의 인내라고 생각하고 유순하게 대해 주었더니 남편도 대단히 친절해져서 서로의 성질이 부딪히는 일이 없게 되었습니다. 이제와서 이혼한다 는게 쑥스러운 일이어서 없었던 것으로 작심 하였습니다」라 고 하였다.
　참 다행스러운 일이라 여기고 다시 한번 결혼선을 유심히 살펴보았더니 하강(下降)한 끝부분이 엷어져 있었다. 거기에 다 짧은 선이 곧게 뻗쳐 나오려 하고 있었다. 이만하면 걱정 없다고 생각하었나.
　지금은 서로 아주 금실 좋게 지내고 있다니 얼마나 반가 운 일인가?

바람기를 버리고 충실한 나날의 사업가

사업운의 상담차 왔던 O씨는 마흔을 갓넘은 중소기업체의 경영자였다. 사업은 비교적 순조로운듯 했으나 산재(散財)의 상(相)이 강했었다. 즉, 수성구(水星丘) 전체의 빛깔이 좋지 않고, 재운선(財運線)에 난조(亂調)가 있고 그 손금 위에 붉은 점이 나와 있었기 때문에 내린 판단이었다. 걱정스러워 더욱 세밀히 살펴보니 감정선 전체에 하향선의 잔금이 많이 나와 있었다. 2~3개의 하향선이라면 그 손금에 따라 어떤 이유로 실연(失戀)했다고 볼 수 있겠지만 O씨의 경우는 실연이라기 보다는 바람기가 틀림 없었다. 그래서 나는 말해 주었었다.

「제 아무리 사업운이 좋을지라도 여성관계로 돈이 자꾸만 나가버릴 수상(手相)입니다. 그렇다면 무엇 때문에 애써 사업을 하는 것인가요? 많은 여자들에게 돈을 나누어 주기 위하여 날마다 고생하는 격입니다」

O씨는 머리를 긁적거리면서 고백하는 것이었다.

불평불만을 품게 한 것은 어제 오늘의 일이 아닌 오래된 일입니다만, 묘하게도 상대한 여자들끼리 서로 알게 되고서는 공동전선을 펴서, 이래 저래 돈을 뜯기고 있습니다. 큰일 났습니다. 한두 여자도 아니고 여섯이나 되니 말입니다.

O씨는 금성구(金星丘)도 풍부하고, 정력이나 금전운도´ 어느 정도까지는 튼튼한데 두뇌선에 「Curve」가 없었다. 그래서 성격이 단순해서 요령이 좋지 않은 것이다. 그 밖에 다른 손금을 종합한 결과 많은 여자를 상대하면서도 가정을 지키고 사업을 키워나가는 그런 재주가 없는 것이다. 「이대로 간다면 여성 군단(軍團)? 에게 봉이 되어 재산도 지킬 수 없는 것이 뻔한 일입니다. 그래서 2살 위인 부인이라지만 총명

하고 이해심도 많은 모양이니 그 부인에게 자초지종을 털어놓고 부인과 공동 방위 전선을 펴서 피해(?)를 최소한으로 줄이도록 하시오」라고 나는 충고하였다.

　여러가지로 풍파가 많았었지만 결과적으로는 최소한의 출비로 용케도 6명의 여자들과도 헤어질 수가 있었다는 것이다. 아주 곤욕을 치룬 ○씨는 사업면에서도 아내의 의견도 참작하게 되고, 휴일에는 좋은 아빠 노릇을 하게 되었다.

　지금은 감정선에 붙어있던 바람기의 손금이 말끔히 사라졌고 열심히 일에 전념하여 사업도 더 키워나가고, 아내에게는 좋은 남편, 아이들에게는 훌륭한 아버지로서 존경을 받으며 나날을 충실하게 보내고 있다는 것이다.

반성과 자신을 되찾고 합격한 수험생

1·2차 지망 대학의 입시에서 보기 좋게 낙방해 버린 O군이 어머니와 함께 너무 실망하여 우울한 표정으로 상담을 하러 왔다.

재수를 하더라도 대학에 들어가야 할 것인가? 단념해서 전문대학에 갈 것인가? 아니면 아예 진학을 포기하고 사회인으로서 새출발하는 것이 좋은가? 하고 고민하고 있다는 것이다.

그렇다 하더라도 너무나 실망하여 자신을 잃어버린게 예삿일이 아니었다. 물론 자기가 바라던 대학에 진학하지 못한 충격이야 알고도 남음이 있는 일이긴 하다. 그러나 꼭 재수를 해서 대학에 들어가야만 되는가는 생각해 볼 문제가 아닐 수 없다.

O군의 어머니가 터놓은 이야기로는 O군은 어느 정도 비정상이라는 것이다. 가족들과도 말을 하지 않을 뿐만 아니라 끼니도 제대로 먹지 않게되고 방안에만 쳐박혀 있어서 무슨 일이 일어날지 걱정이 태산같다는 것이다.

그렇게 된 것도 당연한 면도 없지 않았다. O군은 국민학교, 중학교를 거쳐 고교까지는 매우 성적이 좋았고 학급에서는 언제나 5등 안에 들지 않은 일이 없다는 것이다. 더욱이 성실해서 나쁜 친구들과는 사귀지도 않는 모범적인 우등생이라는 것이다. 그래서 본인도 주위의 사람들도 절대 합격할 것이라고 탄탄히 믿고 있었다는 것이다.

「나는 틀렸어요. 인생의 등용문인 지원대학에 들어가지 못한 것은 파멸이야」하고 실의에 빠졌다는 것이다.

수상을 보았다. 대단히 좋은 수상이었다. 두뇌선도 뚜렷했고 그것이 길게 월구(月丘)까지 뻗어 있음은 머리가 좋고

꿈이 많은 성격을 나타내고 있었다. 또한 손 전체가 단단하고 색깔이 검고 인지(人指)가 다른 손가락 보다 뛰어나 있었는데, 이것은 의지력도 강하고 성실해서 지배운의 강점을 표시하고 있었고 게다가 생명선이 굵고 험이 없고 길었었다.

「자네는 지금 죽고 싶겠지? 하지만 절대로 죽을 수는 없군. 거짓말 같거던 죽어 보라구. 죽지 못한체 수치(羞恥)만 당하는게 틀림없으니까. 그렇지만 이만큼 좋은 수상을 가지고 있으면서 한번 대입(大入)에 실패했다고 낙담하다니 사나이 답지 못하군!」

「사람의 운세란 결코 평탄한 직선만 있는게 아니라 때로는 「curve」도 있는거야, 처음부터 시작하는 결심으로 내년을 목표로 재수를 해보게. 세상에는 재수, 삼수의 학생들이 얼마나 많은가? 그런 현실을 똑바로 보고 노력하면 성공이 보장되는 수상(手相)을 하고 있네.」

O군은 자기의 손바닥을 들여다 보면서 반성과 자신을 확인하게 되었다.

첫사랑에 실패하였으나 명랑하게 된 소녀

눈썹이 가리워질 만큼 길게 앞머리를 늘어뜨린 A양은 금방 울음을 터뜨릴 것만 같은 모습으로 말하였다.

「난 그 사람이 좋았어요. 아주 멋진 사람이예요. 그런데 라이벌이 많아요. 그래서 말할 기회도 잡지 못했어요. 어떻게 하면 좋아요?」

이렇게 말하는 것만도 힘이 들어 보였다. 그리고는 입을 다물어 버렸다. 고개를 숙이고 방바닥만 내려다 보는 암담한 모습의 A양은 겨우 열 일곱살이였다. 동행했던 동급생의 C양이 대신해서 말한 여러가지 이야기를 간추려 보니 TV에 자주 출연하는 J라는 가수가 그럴 수 없이 좋다는 것이다. 하지만 친구들과 함께 박수치거나 응원도 하지 못한다는 것이다. 무대에서 자기를 보고 있는 것 같기만 해도 벌써 가슴이 울렁거린다는 것이다. 그러면서도 J라는 가수를 생각하는 나머지 공부도 되지 않고, 매일을 암담하고 우울하게 지내고 있다는 내성적이고 짝사랑하는 소녀의 괴로움을 알 것만 같았다.

A양의 수상을 보니, 손가락이 가늘고 길었다. 몽상(夢想)하는 수상의 하나였다. 게다가 월구(月丘)의 부푼 정도가 풍부하고 약지(藥指)가 긴 것이 낭만형이었다. 감정선이 길게 곡선을 그리고 있지 않은 것은 감상적이면서 외골으로, 무엇을 생각하면 거기에 빠져버리는 성격은 좋게 말해서 순정임에 틀림이 없지만 감정의 제어(콘트롤)가 약하게 결점이었다.

다행히도 나는 A양이 좋아하는 J라는 가수의 수상을 며칠 전 사진 감정을 했었기 때문에 생생하게 기억이 되살아 났었다. 그래서 그와 맞지 않는 점을 비교해 주었다.

　J가수의 수상은 한 마디로 말하면 신경도 섬세한 예술가 형이다. 남성으로서는 손가락도 가늘고, 좀 고독을 좋아하는 편이었다. A양은 낭만형이어서 자기의 몽상(夢想)에 스스로 빠져버렸으니 상대방의 걱정을 할 겨를이 없는 것이 아닌가? 양쪽의 성격이 화합 할 수 없으며 불행한 것은 분명하니, 보다 좋은 사람이 나타날 때까지 잊고 자기에게 충실하는게 급선무다. 보라빛 인생이 너를 기다리고 있다고 말해 주었더니 과연 젊은 현대의 소녀들이었다.

　「그럼 궁합이 좋지 않다는 말이지요? 그건 그와 교재하는 것이 도리어 그에게 마이너스가 되고 불행을 안겨 준다는 것이지요? 그렇다면 전 단념하겠어요.」

　A양은 딸부자 집에 태어난 뒤로 아버지 이외의 남성을 처음으로 좋아했으니까 첫사랑이 뇌겠지만 「짝사랑에 실패했어!」 하면서 「이제부턴 단순한 펜의 한 사람으로서 그 사람의 노래를 좋아하겠어요!」하고 올 때와는 달리 깨끗이 자리를 털고 일어나 버렸다. 지금은 A양은 명랑한 아가씨로서 티없이 맑게 자라면서 공부도 열심히 하고 있다.

세번째의 사랑에 열매를 맺은 아가씨

　미인이라고 하기에는 뭣하지만 아주 매력이 넘치는 S양은 당시 꽃다운 19살이었다.

　S양은 몸매는 비교적 적은 편이지만 그러기에 또한 예쁘게 생겨서 누구나 좋아하는 타입이었고 웃으면 오른쪽에 보조개가 사랑스러웠다. 그런 귀여운 S양이 진지한 모습으로 찾아온 것은 8월의 무더운 어느 날 이었다.

　「부끄러운 일입니다만 12세 위의 사촌 오빠에게 정이 쏠려서 큰일 났습니다. 오빠는 결혼도 한 처지인데 나쁜줄 알면서도 마음이 자꾸 쏠립니다. 어떻게 했으면 좋을까요?」라는 상담이었다. S양의 손은 원추형, 쉽게 생각해 버리는 충격적인 일면도 있고, 일찍 아버지를 여읜 탓으로 연장자에 대해서 응석을 부리고 싶고 또 의지하고 싶은 마음도 있는 것이다. 아마도 그런 성향(性向)이 엉뚱하게도 오빠에 대한 첫사랑으로 터져 나온 것이리라. 다행히도 감정선에 하강하는 실연의 상(相)은 두드러져 있지 않았다. 그래서 상성(相性)이 나쁘다는 것과 더욱이 결혼한 사촌 오빠라는 상식론으로 깨우쳐 주었더니 큰 충격도 없이 해결이 되었다.

　3년쯤 지나서 S양이 다시금 상담차 찾아왔다. 그 때는 대관령에서 알게 된 B씨와의 연애문제 때문이었다. 전에 보았을 때는 없었던 실연선(失戀線)이 있었고, 감정선, 금성대, 제2화성구에 있는 붉은 점이 예사롭지가 않았다. 아무래도 상당한 쇼크를 받게 될 실연상(失戀相)이었다. 결과는 역시 수상(手相)대로였다. 그러나 S양 같은 형(型)은 실연하는 편이 도리어 인간적으로도 성장할 수 있는 계기가 될 수 있었다. 실연의 상처가 아물고 인생관도 남성관도 많이 변하게 되어서 S양은 「좋다」는 것보다 「성의(誠意)」에 중점을 두고

교제하게 된 것이다.

「세번째 사람이 되나 봐요. 이 사람과의 상성(相性)은 어떨까요?」

지난번 실연했을 때로부터 1년 이상 지난 어느 날 S양은 이렇게 말하면서 새마을 청년회의 M씨라는 사람 때문에 상담차 왔었다. 너무 달아 오르기 전에 냉정하게 자기의 사랑을 반추하게 된 것도 지난번의 쓰라린 실연의 상처에서 얻은 슬기가 아닐 수 없었다. 생년월일로 본 상성(相性)도 별로 나쁘지 않고 그 뒤 두 사람이 함께 왔을 때는 M의 수상(手相)도 보게 되었다. 그의 금성구와 월구의 균형 잡힌 모양과 S양의 수상에서 전에 볼 수 없었던 밝은 면과 애정면을 합쳐 감정해 보았디니 대단히 행복하게 화합이 될 수 있다고 여겨지는 상성(相性)이었다.

혼담도 순조롭게 진척되어 멋지게 「골인」, 내년 봄에는 아기의 이름을 지어달라던 S양의 밝은 표정에 함박 웃음꽃이 피어 있었다.

26

남녀 반대의 수상이 되어 있는 부부

부인은 37세, 남편은 일곱살 아래인 30세, 아이들은 둘이라는 가족 구성이다. 상담의 요지는, 성격이 맞지 않으므로 앞으로 어떻게 하면 좋은가 하는 것이었다.

먼저, 남편의 수상을 보았다. 색이 희고 대단히 부드러운 손이었으나, 뚜렷한 운명선이 없고 태양선이 난조를 이루고 몇가닥 나와 있었다. 게다가 남성에게는 특히, 필요할 노력선이나 반항선이 전연 없었다. 이 의미는 상냥하고 여성적이지만 운명에 대한 노력심이 부족한 것이다. 취미나 놀이는 즐기지만 특히, 어떤 한 가지 일에 열중하지를 못한다.

또 남성으로서의 공사(公事)를 나타내는 왼손 가운데의 두뇌선에 「curve」가 없는데다가 짧고 얄팍하였다. 이것은 남성으로서는 사회의 험한 파도를 극복해 나가는 재능이나 활동이 약한 것이다.

다음에 부인의 수상을 보았다. 손이 작고 생명선에서 여러 가닥의 노력선이 상승하고 있었다. 게다가 월구(月丘)에서 출발하고 있는 길고 굵은 운명선이 여성으로서는 공사(公事)를 나타내는 오른손의 토성구 즉, 중지(中指) 아래쪽 장구(掌丘)마저 뚜렷하게 나와 있었다.

또 두뇌선도 길고, 선단이 두 가닥으로 갈라져서 한 가닥은 위를 향해서 「curve」를 그리고 있었다. 이러한 두뇌선을 상재선(商才線)이라고도 하거니와 손이 작은 것과 아울러 함께 판단해 볼 때, 노력가이며 상술이 능란하고 뱃심도 있으며, 주위로부터 인기도 있어서, 좋게 말하면 여걸풍의 수상이라 할만 하였다.

그런데 이 부부의 실제적인 생활은 어떠한 것일까?

이야기를 들어보니 열 사람 가까운 점원을 거느리는 수퍼

를 경영하고 있다는 것인데 남편의 상술이 서툴고 적극성이
전연 없는데다가 사장이라고 하지만 빛 좋은 개살구 격으로
부인이 사입(仕入), 금전의 융통, 은행과의 교섭, 선전 점원
의 지휘, 감독까지 휘어잡고 있는 것이다.

　그렇다고 하지만 남편은 바람을 피우는 것도 아니고 아내
나 아이들에 대하여 배려도 깊은 것이었다. 그렇다 하더라도
남성으로서의 남편은 믿음직스럽지 못한 나머지 부인은 헤
어져 버릴까 하고 생각하게 되었다는 것이다. 그러나 나는
말해 주었다. 「자녀들도 있고 상성(相性)도 나쁘지 않습니
다. 다만 수상에 나타나는 것처럼 남녀의 성격 행동이 반대
로 되어 있을 뿐입니다. 이만큼 사업도 확장된 것은 역시 두
분의 궁합이 이룩한 것이지요」라고.

　대단히 유순한 남편이고 애정도 있으며 금후도 부인이 주
동이 되어 나아가면 책임을 인식하고 노력도 하겠다고 다짐
하는 것이었다.

　지금은 남편이 경영에 나서며 금슬좋게 해나가고 있다.

단 것을 좋아하는 어린이의 손금

「명년에 국민학교에 입학하게 되므로 사교성이나 공부 등 여러 가지 주의할 점을 수상이나 관상으로 좀 봐 주십시오.」

귀부인인 어머니의 손을 잡고 따라온 K어린이는 의자에 앉게 되었다. 어린이의 손이란 귀여운 것이다. 그러나 어른과 마찬가지로 각각의 개성도 있고 특징도 있다. 그런데 이 어린이의 손을 보니 오른손과 왼손의 선이 매우 다르다.

우선 왼손의 생명선은 매우 엷고 아주 갸날프지만 오른손의 생명선은 뚜렷하게 강하고 금성구를 애워싼 모양으로 나타나 있다. 이것은 표면상이나 어릴 때는 다소 약한 증세가 보이더라도 주의하면 건강을 충분히 유지할 수 있으며, 장수를 나타내고 있는 것이다.

두뇌선은 왼손이 길고 월구까지 내려져 있으므로, 제법 공상적이며 낭만적인 성질을 갖고 있다고 본다. 그러나 오른손의 두뇌선은 분명하게 상승하여 두 갈래로 갈라져 있다. 그러므로 성장함에 따라서 때때로 현실적이며 제법 많은 돈을 모으기도 한다.

이와 같이 여러 가지로 이야기하고 있는 동안에, K어린이의 생명선 상단부에 엷은 쥐색이 나와 있는 것이 마음에 걸렸다. 특히, 오른손쪽이 그러하였다. 식욕은 그다지 좋은 편은 아니지만 식사는 말끔히 한다는 것이다.

「간식이 지나칠 정도가 아닙니까?」

「아닙니다. 간식은 시간을 정해서 주고 있으며, 위장에 나쁜 것은 주지를 않습니다.」

나는 K어린이의 좌우 양손의 차이가 심한 것으로 성격적으로도 양면이 있다는 것을 알고 있었으므로, K어린이의 손과 얼굴을 보면서 힘차게 잘라 말했다.

「K어린이는 단 것을 훔쳐서 먹고 있지?」

깜짝 놀란 얼굴이 된 K어린이는 벌이 무서워 「사탕을 먹는 것이 몸에 나쁜가요?」

이해력이 없는 K어린이가 아니므로 앞으로는 먹지 않겠다고 약속하였지만 어머니는 놀라기도 하고 반성하기도 하였다.

현실적 증상이, 아직 스스로 느끼지 못할 동안에도 수상에는 재빠르게 주의 신호가 나타나는 것이다.

여러분의 생명선 상부는 어떠합니까? 단 것의 과식, 커피의 과음 등 「calory」의 지나친 섭취도 수상에 나타나는 것입니다.

이렇듯 손금은 주위의 환경과 생활여건 건강 상태에 따라 사소한 일에서부터 뜻하지 않는 일까지 손은 알고 있기 때문에, 손금의 신비를 더해가는 것입니다.

❀ 손의 역할(役割)

인간의 몸은 어느 곳이나 다 중요하지만, 가장 민감하고 잘 움직이는 곳은 어디일까요? 또한 가장 둔하고 움직임이 적은 곳은 어디일까요?

말할나위 없이 뇌의 작용은 별도로 하고 외면적으로 봐서 말입니다……

역학(易學) 가운데 「많은 느낌」이란 패(卦)가 있습니다. 하나의 패를 발, 종아리, 허리, 다리 가랑이, 배, 가슴, 등, 머리 등과 같이 나누어 보면 그 중에도 등이 가장 느낌이 적고 움직임이 적은 부분이라고 한다. 반대로 가장 민감하고 잘 움직이는 것은 손과 눈일 것이다.

특히, 손은 우리들의 생활 가운데 중요한 역할을 하고 있다. 또 손은 치밀하게 재빠르고 그리고 가장 많이 뇌에 전달하며 뇌에서 전달받는다.

하루 생활의 변천, 생활의 양상을 뇌에, 그리고 손에 의해서 기록된다. 즉, 손은 기능적일 뿐만 아니고 마음과 그리고 생활과 함께 느끼며, 움직이고 변화한다.

또한 인간을 포함한 동물은 예지본능(豫知本能)도 한두 번 경험하는 일이지만 본인 스스로는 아무 것도 모르고 있다. 그러나 그것이 바르게 손, 또는 인상에 전달된다.

말하자면 수상이나 인상은 그 사람의 과거, 현재 뿐만이 아니고 미래까지도 말하고 있다

철학자 「칸트」가 말하기를

「손은 외부에 나타난 또 하나의 두뇌이다」라고 손의 중요함을 말한 적절한 말이라 하겠다.

제2장
실천수상법

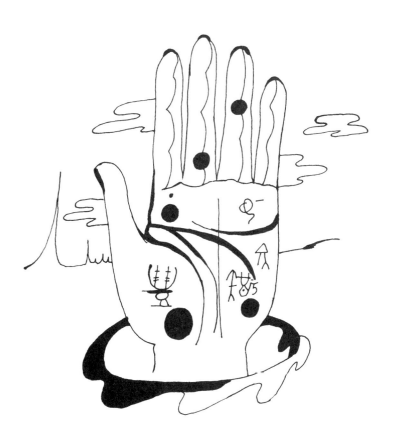

손금을 보는 요령

인간의 손이란 무엇일까? 생각해 보면 정말 불가사의한 것이다. 매일의 생활을 통하여 손이 수행하는 역할은 한없이 중요하다. 손은 나날의 일을 수행할 뿐만이 아니라 여러 가지 일을 기억하고 기록한다. 지나가 버린 과거도 현재의 상태도 그리고 미래의 일까지도 예지(豫知)하고 기록하고 있는 것이다. 그 까닭은 무엇일까?

그것은 손이라는 것의 움직임이 뇌(腦)의 중추신경의 작용, 즉, 명령에 따라서 움직이고 있는 것을 말한다. 손 그 자체가 물건을 움켜쥐고 펜을 잡고 글씨를 쓰는 것이 아니라, 저것을 가지고 싶다, 어디가 가렵다, 아름다운 꽃을 만져보고 싶다는 것은 모두 뇌가 느낀 것을 손에 전달하여 손의 행동으로 옮겨지는 것이다. 따라서 뇌가 감지(感知)하고 있던 과거의 일도 또 현재 그리고 미래의 일도 손으로 표현할 수 있는 것이다.

그렇다. 손은 바로 당신의 역사이며, 인생이며, 이력서인 것이다. 사람은 누구나 경우에 따라서 자기를 들여다 보게 된다. 그것은 생각하는 것이고 얼굴을 혹은 손을 들여다 보는 표현으로 나타나는 것이다. 바꾸어 말하면 손을 무심히 바라볼 때 그것은 곧 당신이 자기 자신을 바라보게 된 다는 것이다.

그럴 때 모처럼 손이 여러 가지로 이야기를 해주고 있음을 손의 속삭임에 귀를 기울여 무슨 말을 하고 있는지 들어보고 싶지 않은 사람이 누가 있겠는가?

그러나 손의 말 즉, 수상을 이해하지 않으면 무슨 말을 하고 있는지 어떻게 알 수 있겠는가?

수상을 이해함으로써 여러 가지 말을 들을 수 있게 되는 것이다.

좌우의 어느쪽 손을 보는가?

수상을 볼 때 좌우 어느 쪽 손을 보면 되는가?

특히, 「색」을 볼 때는 조심할 필요가 있다. 또 손모양 손가락 언덕(丘), 문선(손금) 등 좌우가 현저하게 차이가 있을 때는 성격의 2중성이나 운세(運勢)의 변화를 표현하고 있는 것이므로 그 특징을 관찰하는 것이 중요한 것이다.

원칙으로 남성의 왼손은 공사(公事), 선천성, 40세전 그리고 오른손은 사사(私事), 후천성, 40세 이후를 본다.

여성의 경우는 그 반대로 오른손이 공사(公事), 선천성, 40세전이 된다.

이것이 기본적인 수상법이지만 실제로는 한쪽손에만 한정해서는 안된다. 반드시 양쪽 손을 본뒤 앞서 말한 원칙에 따라 중점적으로 봐야 한다.

손을 내어밀 때부터 관찰한다

먼저 손을 내어 미는 법에 주의해야 한다. 이것은 각 손가락이 어떻게 집산되고 있는가를 보는 것이다. 손은 내어민다는 것은 일종의 습관이므로 수상을 감정해 달라면서 내어 밀 때만이 아니라 책장을 넘길 때나 무릎에 손을 올려 놓을 때도 관찰할 수 있는 것이다.

다섯 손가락이 모두 떨어지거나 인지(人指)와 중지(中指)가 떨어지거나, 약지(藥指)와 새끼손가락이 언제나 떨어져 있거나 손을 오무려서 내거나 하는 등등으로……. 손을 내어미는 법도 정말 가지가지인 것이다.

만약 당신의 새끼손가락이 언제나 떨어져 있다면 그다지 사교적인 처지는 아닐 것이다. 이처럼 성격이나 생활의 일부 가족과의 관계를 감정할 수 있는 것이다.

◈ 다섯손가락을 펴서 내어민다.

보기에 시원스럽고 개방적이고 명랑 쾌활한 호인형이다. 소심하게 사물에 구애되지를 않고 재빠른 판단력과 행동성에 뛰어난 점이 특징이다. 반면 어떻게 되겠지 하는 사행심(射倖心)에 의지 하는 낙천성으로 끈기가 없어 부딪친 일을 귀찮게 여기고 손을 털어버리는 의지의 약함에 이어지는 단점이 있기 쉽다. 또 개방적인 성격인 까닭에 비밀을 지키지 못하거나 낭비 버릇과 이어지는 금전상의 손재상(損財相)이 있다.

◈ 무지(拇指＝엄지손가락)만을 벌려서 내어민다.

온순한 바깥모양에도 불구하고 의외로 우유부단하지 않은 의지의 강함과 적극성을 지니고 있다. 자기의 의견을 꿋꿋하게 지켜나가는 고집도 있다.

지적(知的)인 면도 있지만 때로는 공연히 하찮은 일로 시비를 즐겨 남들과의 협조성이 결여되어 별난 짓을 잘하는 사람으로 오인되는 수도 있다.

◈ 인지(人指＝집게손가락)를 벌려서 내어민다. (그림 a)

독립 독보(獨步)의 기운(氣運)이 강한 형이다. 의뢰심이 없고 독립심이 강한 점이 특징이지만 도리어 타인과의 협조성이 결여되는 수도 있다. 사교성도 서툴고 이기주의로 흐르기 쉽고 반발심이 의외로 강하여 오해를 불러 일으키기도 한다.

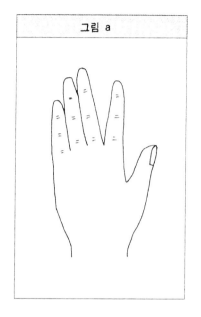

그림 a

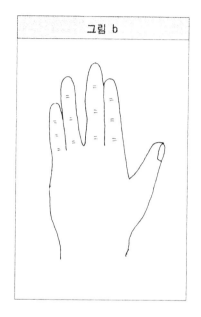

그림 b

이런 형은 집단 생활이나 공동사업에 적합하지 않다. 그러므로 대인관계에 신경을 써서 사교심을 배양하도록 노력하여야 한다.

◆ 약지(藥指＝약손가락)를 벌려서 내어민다. (그림 b)

앞의 인지를 벌려서 내어미는 사람이 일반적으로 비사교적이어서 평이 안 좋은데 반하여 이와같이 약지를 벌려서 내어미는 사람은 집안에서는 엄하고 독선적인 형이다.

타인에 대해서는 친절하고 공손한데 가정적으로는 독선적인 행동을 하고 집안사람을 들볶는 형이어서 쉽게 불화나 충돌을 야기하는 경우가 있다. 평소부터 약지를 떼지 않도록 조심한다.

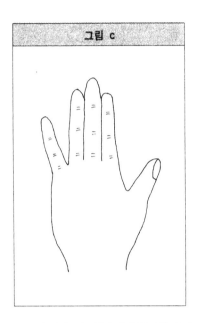

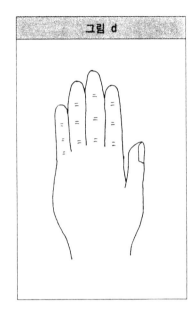

◈ 새끼손가락(小指)를 벌려서 내어민다. (그림 c)

새끼손가락을 벌려서 내어미는 사람은 언어에 의한 표현력이 부족하고 문장을 쓴다는 것이 고역인 경향이 있다. 또 과학에도 약한 단점이 있다.

다른 부분의 단점과 겹치면 자식운이 없는 경우가 많다.

◈ 다섯손가락(五指)을 붙여서 내어민다. (그림 d)

무엇을 하더라도 사전에 충분히 확인하고서 행동으로 옮기는 신중파의 형이다. 꼼꼼한 성격으로서 조심성이 있는가하면 소심하고 신경질적인 면이 있다. 자기 분수를 알고 있으므로 크게 실패하지 않는 한편으로는 기회를 놓치는 경우도 있다. 타인에게까지 꼼꼼하고 간섭적이어서 완전성을 바라는 단점이 있어 사람들을 멀리하게 하는 경향이 있다.

◈ 손 전체를 오무려서 내어민다. (그림 e)

성격상으로는 앞의 보기처럼 조심성이 있고 약간 소심한 면이 있으나, 현저한 특징으로는 물샐틈도 없이 오무려서 내어미는 버릇으로 봐서 야무진 사람이라는 것이다.

심하게 말한다면 인색한 편이고 물질면 금전면에서의 계산이 능란하고 손해 볼 일 같은데는 얼씬거리지도 않는 관습이 몸에 베어 있다. 그러므로 금전운은 있다고 할 것이다.

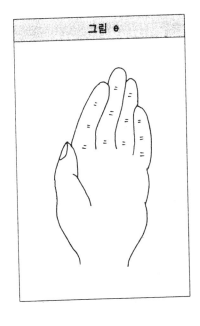

그림 e

손모양의 관찰(觀察)

큰 손, 작은 손, 단단한 손, 부드러운 손…… 손의 모양은 가지가지다. 그런데 이것은 몸통에 비교한 크기이다. 만약 당신의 그이 손이 미니형이라면 유순한듯 하면서도 의외로 담이 큰 것이다. 또 무의식 중에 대범한 행동을 하는 형이기도 하다. 즉, 성격의 일면이나 행동력을 판단할 수 있는 것이다.

손의 대소(大小)를 볼 때는 손의 피부색이 검은 편인가? 흰 편인가? 살결이 섬세한가? 거치른가 등등 손금 이외의 모양도 동시에 재빨리 볼 수 있어야만 수상을 감정하는데 익숙해졌다고 할 수 있을 것이다.

만일 당신이 젊고 손을 보는 상대방이 역시 젊은 이성(異性)일 때는 조금 곤란하다. 왜냐하면 손이 부드럽고 딱딱함을 직접 손을 잡아보지 않으면 모르기 때문이다. 그러나 그것이 괜찮다고 하는 사람은 반드시 잡아서 손바닥의 부드럽거나 딱딱함을 확인해 보도록 한다.

이를테면 젊은 남성의 손이 대단히 부드럽고 게다가 피부가 희고 살결이 섬세한 경우에 그는 신경질이거나 예민하고 독선적이어서 이따금 방자한 일면도 있다는 것을 알 수 있게 된다.

그리고 지문(指紋)은 한 평생 불변이고 만인 부동(不同)이고 따라서 선천적인 성격이나 잠재적인 성질 운세(運勢)를 엿볼 수 있으나 지면(紙面)관계로 이 책에서 언급을 피하고 다른 기회로 미루고자 한다.

손의 크고 작음을 본다

◆ 큰 손

몸집에 비해서 큰 손을 가진 사람은 의외로 자세한 생각이 미치는 형이다. 주의깊고 뜻하지 않는 곳까지 배려한다.

조금 소심하고 겁이 많은 점은 있으나 번거로운 일도 싫어하지 않고 의외의 치밀성이나 재간의 발휘로 주위를 놀라게 하는 경우도 있다. 즉, 가려운 곳에 손이 닿는 장점이 있고 성격은 차분한 편이다.

여성인 경우는 사교가 능란하지 않으나 성실하고 부지런하다. 가정에서는 가사·육아에 몸을 아끼지 않는 성격으로서 이상적인 주부형이다.

물론 남녀 함께 각 문선(紋線) 각구(各丘)의 상태와 대조하면 길흉의 강약이 달라지지만 생활에 일발(一發) 승부의 꿈을 거는 모험이나 행동은 적은 편이다.

◆ 작은 손

몸집에 비하여 작은 손인 사람은 큰 손인 사람과 반대로 의외로 대범하여 담이 찬 편이다. 거기에다 육감이 예민하여 머리의 회전이 빠른 편이므로 기회 포착에 능란하다.

두뇌선이 양호하다면 사람을 지도하는 입장에 서게 되거나 실력 발휘의 기회를 재빨리 포착하여 출세하거나 사립도가 빠르다.

만약 두뇌선이 좋지 않으면 계획만 세우고 실천력이 결여되거나 큰 소리만 치는 허풍쟁이가 되고 말거나 때로는 과대망상에 젖어 실패를 거듭하게 될 경우도 있다.

손의 강유(剛柔)를 본다

여기에 말하는 손의 부드러움이나 단단함은 손의 표면 피부의 상태를 말하는 것이 아니다. 손바닥 내부의 살을 말하는 것이다.

◈ 부드럽고 살결이 섬세한 흰 손

부드러운 손 : 품위가 고상하기는 하나 아무래도 허영심이 강하고 제멋대로이거나 뻔뻔스럽고 어느 정도 근면성이 결여되어 있으나 때로는 요령을 발휘하는 재주도 있다.

살결이 섬세한 손 : 영리하고 품위도 있고 상냥한 면도 겸비하고 있다. 여성이라면 최고의 손이다. 남성인 경우는 다소 여성적인 경향을 풍기는 단점이 있다.

흰 손 : 육감이 예민하여 사물의 먼 앞까지 생각하는 것은 길(吉)하지만 지나친 나머지 쓸데없는 걱정을 해서 헛수고를 해서는 안되겠다. 기회는 잘 포착하지만 요령을 너무 피우지 않도록 조심해야 한다. 그러나 취미는 고상하고 예술·문학·예능 방면의 선천적 재능은 있는 편이다. 반면 경계심이 강한 까닭에 오해를 받기 쉽고 마음을 주고 받을 친구를 갖기가 힘들 것이다.

이상을 종합해 보면 부드럽고 살결이 섬세하고 흰 손인 사람은 겉보기보다는 속이 알차지 못하여 사교도 처음은 괜찮으나 갈수록 결함을 남에게 들어내는 단점이 있다.

◈ 단단하고 살결이 거칠고 거므스레한 손

단단한 손 : 의지가 강하고 행동력도 풍부하다. 요령은 별로 좋은 편은 아니지만 성실하여 차근차근 자기의 길을 나가는 노

력형이다.

살결이 거치른 손 : 선천적으로 타고난 육감은 조금 예민한 편이고 사나이다우나 여성은 다소 남성적인 일면이 있어서 다른 부분과 합하여 때로는 거칠고 품위가 없는 면을 느끼게 하기도 한다.

거므스레한 손 : 예민성이 없는 대신에 침착하게 생각하는 신중함이, 지레 짐작이나 실패를 적게 한다. 또 사물에 대한 끈기가 있고 정신력도 굳어서 감정에 잘 사로잡히지 않는 이점이 있다.

이상을 종합해 보면 단단해서 살결이 거칠고 거므스레한 손을 가진 사람은 표면으로는 대인관계가 좋지 않아서 호감을 받기가 힘들게 느껴지지만 오래도록 교재하면 감추어져 있는 성실성이 매력의 포인트가 된다고 할 것이다.

손의 색깔을 본다

손의 색은 주로 손바닥의 색으로 판단함을 말한다.
색을 관찰할 때에는 다음 사항의 주의가 필요하다.
▶ 대단히 무더울 때, 추울 때
▶ 술을 마시고 있을 때

▶ 무엇을 오래도록 움켜 쥐고 있었을 때, 힘껏 주먹을 움켜 쥐고 있었을 때

이런 때에는 변색이 되어 있으므로 본연의 색상이 나타나 있지 않다.

여성인 경우는 사춘기 또는 생리가 시작되는 경년기, 생리일 특히, 언제나 불순한 사람 등은 혈류(血流)의 혼란이 있는 까닭에 틀리게 보기 쉽다.

건강한 손의 색 : 아름다운 보라빛을 하고 있으며 윤기가 있다. 이와같은 색인 손의 사람은 활기와 정력이 풍부하고 성격적으로는 명랑하고 성적(性的) 매력도 있고 희망에 충만하고 있음을 나타내고 있다.

붉은 색 : 정신적으로나 육체적으로나 대단히 건강해서 원기가 발랄하다. 사물에는 집중성이 있고 적극적이다. 반면 성미가 급해서 성내기 쉽고 때로는 벌컥하는 행동을 취하는 수도 있다. 또한 쉽게 뜨거워지고 쉽게 식는 단점의 일면도 있다. 폭음 폭주를 삼가함이 중요하다.

투명한 듯 푸른 기가 있고 흰 색 : 독선적이고 자존심이 강하고 언제나 자기중심적이어서 남에 대한 동정심이 결핍되기 쉽다. 또 활동성이나 실행력이 부족하여 마음 속으로 꿈을 꾸고 있는 멍청한 면도 있다. 빈혈성인 사람이 많은 것이다.

청청색 : 신경질적이다. 남의 소문을 필요이상 의식하고 혼자 언제나 고민하거나 사물을 비관적으로 생각하는 경향이 있다. 따라서 친구들과는 잘 어울리지 않게 되기도 한다. 결단력이 둔한 까닭에 찾아온 기회도 놓치거나 한걸음 뒤져서 손해를 보기가 십상이다. 쓸데없는 걱정이 앞길을 막아버리기가 쉽다.

거므스레한 색 : 소화기 계통이 약한 편이다. 다소 음성적이며 소극적이다. 실력이 있음에도 망서리는 경향이 있다. 언제나

마무리 단계에서 주저앉아 버리는 끈기 부족으로 손해를 보기
쉽다. 요령도 나쁘고 대인 관계도 능난하지 못하다. 직장이나
웃사람운이 없는 형인 편이다.

　　진누른 색 : 제법 성질이 까다로운 면이 있다. 한가지 일에
빠져서 다른 일을 돌보지 않는 형인데 학구파(學究派)의 사람
이 많다. 건강면에서도 자칫 피로를 느끼기 쉬운 편이다. 쾌활
명랑성이 적고 때로는 음울한 느낌을 상대방에게 주어서 사교
운이 없는 색상이다.

　　진붉고 얼룩이 많은 색 : 사교성을 노력으로 보충하는 형이
지만 성미를 자주 부리기 쉽고 마음속에 야심이나 희망을 가지
고 있으면서도 적극성의 부족으로 쓸데없이 이를 억제해 버리
는 경향이 있다. 성격면으로는 의외로 독선적이고 감정적이어서
마음 쓰임이 얼룩덜룩한 면이 있는 편이다.

수형(手型)을 보는 법

수상이라고 하면 곧바로 손바닥의 선, 이를테면 생명선이 짧다든가 감정선이 길다든가 하는데 중점을 두는 사람이 많다. 그러나 수형(手型)을 보는 것도 결코 등한시해서는 안되는 수상 감정의 대상이다. 손을 내미는 버릇이나 손의 크고 작은 것과 합쳐서 판단해 간다면 성격의 경향 등은 대단히 정확하게 적중시킬 수 있다.

수형(手型)은 다음 일곱 종류로 구분할 수 있다.

첨두형(尖頭型)…백어(白魚)처럼 희고 가느다랗게 고운 손

원추형(圓錐型)…통통하게 살찐 손

결절형(結節型)…손가락 사이에 틈새가 있고 뼈 마디가 굵은 손

주걱형(型)…손가락 끝이 네모 지고 엷은 손

사각형(四角型)…모나고 딱딱한 손

원시형(原始型)…손가락이 짧고 보기에도 흉한 손

혼합형(混合型)…특정의 모양이 없는 손

제각기 특징이 있는 성격을 가지고 있거니와 각설하고 당신의 수형(手型)은 어느 것에 해당 할까요?

둥근 느낌? 아니면 네모? 또는 둥글고 네모진 느낌일까요? 이것 같기도 하고 저것 같기도 할 것이다. 이 수형의 종류는 기본적인 분류이므로 둥글고 통통하면서도 네모진 느낌의 손일 수도 있는 것이다.

이를테면 손가락의 모양은 가늘고 날씬하며 미끈해서 백어형(白魚型)인 것 같은데 손바닥은 좀 모가 있어서…와 같은 경우가 있다. 또한 손가락 사이에 좀 틈새가 있기는 하지만 전체적으로는 유달리 뼈마디가 굵지는 않다…고 할 경우도 있는 것이

다.

즉, 순수한 종류의 수형(手型)은 아니고 다른 형도 뒤섞여 있기도 한 것이다. 그렇지만 그것을 판별하자면 어떻게 할 것인가?

이제부터 서술해 보겠다.

첨두형(尖頭型)의 손

손 전체가 희고 가늘며 보기에 아름다운 손이다. 유달리 손의 폭이 좁고 손가락이 날씬하고 끝쪽을 향해서 미끈하게 가늘어지고 손가락의 관절도 거의 눈에 띄지 않는다. 그런 외형이라면 백어(白魚)형의 손이라고 일컬어진다. 성격은 신경질이며 정서가 안정되지 않은 결함이 있다. 사소한 일에 구애되어 지나치게 걱정하는 형이다. 또한 침착성이 없고 변덕이 있는 성향(性向)이라고 하겠다.

낭만적인 성격이 강하고 실현불가능한 사랑이나 이상(理想)을 추구하고 신분에 걸맞지 않은 사치와 호화스러움을 좋아하지만 육감의 번쩍임이 날카로우므로 두뇌선이 양호하다면 예술가 배우 등으로 적격한 재능이 있다. 또 감정을 표

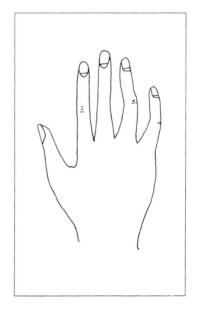

현하는데 능란하고 연애를 하는 것을 즐기는 점도 그것을 표현
하는 역할의 여우(女優)와 같은 직업에 알맞는다고 하겠다.

인간관계는 상대방의 기분을 포착하는데 재빨라서 호화롭고
밝은 무드의 교재를 좋아하고 사교성이 풍부하다. 사람들에게도
호감을 주지만 기분에 지배되거나 감정에 사로잡히는 결함으로
마음을 주고 받을 친구를 얻기 힘든다고 하겠다. 이러한 성격이
이성(異性)과의 교재에서는 사랑을 쫓고 사랑을 즐기는 경향으
로 흐른다.

건강면은 호흡기계 소화기계의 질병에 걸리기 쉽고 그렇게
되면 오래 가기 쉽다.

원추형(圓錐型)의 손

손 전체 손가락 끝도 둥글
고 통통한 느낌을 주는 손이
다. 피부가 부드럽고 관절은
눈에 띄지 않고 시원스럽게
손가락까지 뻗혀 있다. 앞의
「첨두형」과 비슷한 손이지만
혈색이 조금 붉은 빛을 띄고
있어서 「첨두형」과 같이 희지
는 않다.

크기로 말하면 중형이어서
엄지손가락의 밑부분의 둥근
정도와 새끼손가락의 미끈한
선이 특징이다. 통통한 손등
에 보조개와 같은 오목(凹)한

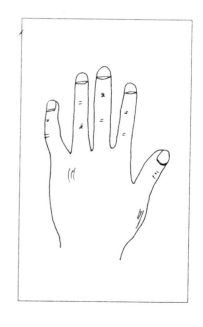

부분이 있는 경우도 있다.

성격은 밝고 남들의 사랑을 받는 형이다. 순응성은 강하지만 다소 독선적인 데가 있고 사소한 일로 곧잘 감동하거나, 동정하거나, 분노하거나, 울부짖기도 한다.

달리 예술·예능적 수형이라고도 일컬어지며 공상적·감각적이고 직감력도 강하고 음악 등 예술·예능 방면에 뛰어난 재능을 가지고 있다. 감수성이 예민하고 이해력도 뛰어나서 표현력도 풍부하다. 감성(感性)과 표현력으로 많은 사람에게 호소하는 예술가, 예능가, 강연가 등의 직업에 적격이다.

그런데 모처럼의 착상이나 직감력도 계획성이 부족하거나 인내력이 부족해서 좀처럼 실행으로 옮길 수 없는 약점이 있다. 원추형에서도 손이 단단하고 탄력이 있고 두뇌선이 좋으면 실력을 발휘할 수 있다. 「첨두형」에 비하면 보다 현실적인 꿈을 구하고 정신적인 감동을 쫓는 수형(手型)이다.

결절형(結節型)의 손

전체적으로 뼈 마디가 두드러진 손이다. 굵직하고 튼튼한 편인 손은 길고 크고 색상은 청백의 부류에 속한다. 손가락 끝은 원추형이고 손톱은 긴 편이 많은 것 같다.

철학적인 손가락이라든가 지적인 손이라고 일컬어지며 정신적인 분야를 추구하는 사람이나. 반면 물질면이나 금전면에 소원하고 담박하다. 재물보다는 명성을 더 좋아하는 사람이라고 하겠다. 연구심이 강하고 사물을 숙고하는 관습을 지니고 있고 하나의 문제를 전문적으로 파고 들면서 연구하는 학자에게 많은 손이다.

한두 번의 실패에도 꺾이지 아니하고 반성하면서 거듭 부딪쳐 나아가는 인내력도 있다. 감정에 사로잡히지 아니하고 이론면으로만 나아가는 경향이 있으나 지나치게 신중하여 좀처럼 실행으로 옮겨가지 않는 결점이 있다.

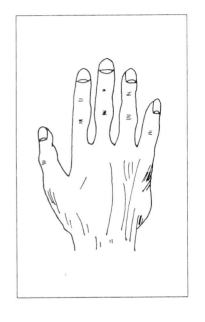

성격은 비교적 과묵한 비밀주의자 고독을 즐기는 나머지 대인면의 좋고 싫음이 심하고 자기의 울타리에 침잠(沈潛)해 버리고 만다. 여성은 결벽가(潔癖家) 남녀 다같이 도(度)가 지나치면 편벽(偏癖)하고 비굴하여 타인으로부터 경원시(敬遠視)된다.

직업으로서는 학자, 연구가, 종교가 등 신비적인 일이나 정신면이나 심리면의 연구 혹은 또, 취미와 겸비하여 골동품류를 수집하는 것도 좋을 것이다.

동양인 특히, 인도 사람에게 많은 수형이다.

사각형(四角型)의 손

손의 아랫부분 엄지손가락의 뿌리와 새끼손가락쪽의 밑부분이 모가 나서 손 전체가 사각형처럼 보이는 손이다. 보통 큰 손인 편이다. 손가락은 밑뿌리로부터 선단까지 원통형이고 손톱은 여러 가지 형을 이루고 있어서 어떤 형이라고 말할 수는 없다.

이 손은 실제형이라 일컬어지며 건실하고 다소 보수적인 면이 있다. 외관보다 실질을, 이상(理想)보다 현실을 택하는 형이다. 성격은 성실하고 습관에 따라 규칙적으로 생활을 해나가는 사람이다.

「척하면 삼척」인 예민성은 있으나 독창력, 상상력, 기회를 포착하는 재빠름이 결여되어 있다. 한가지 일을 인내심

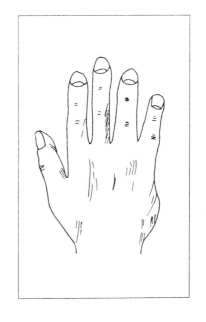

강하게 지키며 차근차근 부지런히 밀고 나가는 사이에 어느듯 지반을 구축해 버리는 자수성가형이다. 남들과의 다툼이나 시비를 좋아하지 않으며 한 번 마음 먹으면 좀처럼 의지를 바꾸지 않으므로 때로는 완고하다는 평도 듣기 쉽다.

우정(友情)은 깊고 두터운 편, 오직 융통성이 없어서 사교성이 부족하므로 친구는 적은 편이다.

남성은 가정을 사랑하며 책임감이 강하고 약속한 일은 충실하게 시키는 신용있는 사람이다. 여성은 가정적이며 요리나 가계를 꾸려나가는 솜씨가 능란하다. 모성애가 남달라서 육아에도 열심이고 가정주부로서는 이상적이라 할 수형(手型)이다. 다만 표현력의 부족으로 사랑을 고백하지 못하고 속으로 앓거나 겁이 많아서 기회를 놓치기 쉬운 결점이 있다.

주걱형(型)의 손

밥주걱 모양으로 손가락 끝
이 조금 넓어진 손이다. 살무
사의 머리 같은 손가락 끝이
라고 하겠다. 손목에 가까운
부분 혹은 무지(拇指＝엄지손
가락)를 제외한 네 손가락의
밑뿌리 부분이 폭 넓은 것이
보통이다.

발명가의 손이라던가 활동
가의 손이라고 일컬어지며 가
만히 있는 것이 질색이다. 묵
묵히 실행에 옮기는 무언실천
형이다. 모든 일에 대하여 정
력적이며 창조적인 개성을 발

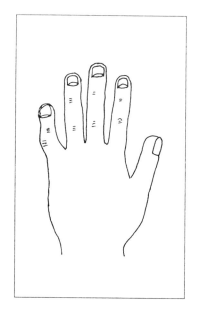

휘한다. 별칭(別稱) 개척자의 손이라고 일컬어지듯 탐험가, 발
명가, 기사 등 이런 방면의 세계를 적극적으로 개척해 나가는
사람이 많은 편이다.

성격도 의지도 강하고 자신이 넘쳐 있어서 낡은 관습에는 구
애되지 않는다. 다만, 그것이 너무 강하게 노출되면 현실타파로
연계되어 주위의 비난이나 오해를 받게 될 경향이 적지 않다.

애정면에서도 사랑의 무드를 즐기기 보다는 단도직입적으로
의지에 호소하는 형이다. 교제중에도 자기를 수식(修飾)하지 않
는 소탈함이 호감을 산다.

여성은 전반적으로 재주가 있어서 일상생활에서도 여러 가지
아이디어를 활용하거나 연구하는 형이다. 바쁜 가운데서도 새로

운 것이나 편리성을 살려 나가고자 노력을 아끼지 않는 사람이
지만 조금 떠벌이형이다.

이와같은 수형(手型)으로 손 전체가 얇고 부드러운 사람은
박정(薄情)하거나 아니면 향락가이다. 사소한 일에도 흥분을 잘
하는 사람이다.

원시형(原始型)의 손

손바닥 부분이 유달리 크고
굵직하며 튼튼하다. 손가락도
굵고 짧으며 살결이 거칠고
피부색도 검은 경향이 많다.
손톱은 짧고 단단하다.

원시형이란 이름대로 보기
에도 투박하고 조잡한 인상을
주는 손이어서 보기 좋은 수
형은 아니다. 원래 이러한 원
시적인 수형을 문명 국민 사
이에는 볼 수 없다. 여기에서
의 원시형이란 인류문화가 발
달한 현재에 있어서의 원시형
인 것이다. 다소간 원시적 요

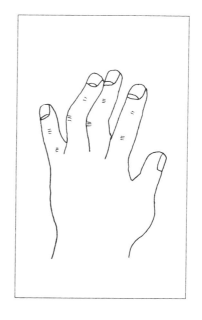

소를 지니고 있다는 수형이라 해석할 수 있다.

그런데 성격은 소박 단순하고 성실한 면이 장점으로 평가되
지만 사물을 논리적으로 파고 들며 생각하거나 탐구해 나가는
것이 서툴다. 융통성이 부족한 까닭에 입는 손실과 지레 짐작해
버리는 것이 결함이다.

지적인 면은 약한 경향이 있으나 식욕이나 정욕에 대해서는 본능적으로 예민성을 발휘한다. 따라서 양자를 조절하는 이성 (理性) 즉, 두뇌성이 좋지 않으며 동작이나 언어가 거칠고 단순한 감정적 행동이 두드러져서 타인을 불쾌하게 만들므로 주의할 필요가 있다.

직업은 유행의 첨단을 가는 것은 알맞지 않다. 애정은 깊어서 한 번 마음 먹으면 외골수로 달려 사랑하는 순정성을 지니고 있다. 다만, 사랑의 표현이 능숙하지 못하여 여인의 마음을 휘여잡기가 힘들다.

혼합형(混合型)의 손

이것이 혼합형의 손이라고 말하기는 어렵다. 이 형을 분별하려면 손가락의 모양을 보아야 한다. 엄지손가락과 새끼손가락을 제외한 세 손가락이 제각기 다른 모양을 하고 있는 것이다. 중지는 주걱형, 약지는 결절형 등으로 특정의 모양이 없다. 오지(五指)가 모두 다른 모양을 하고 있는 경우도 있다.

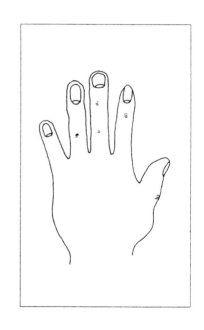

성격은 여러 가지 형의 영향을 받으므로 복잡한 양상을 띄고 있다. 이 복잡 다양한 성격은 침착성이 결여되어 변덕이 많은 성격으로 여러 가지 형

태로 나타난다. 즉 직업 생활에도 변화가 많고 싫증을 자주 낸
다.

　장점으로는 적응 능력이 뛰어나서 어떤 환경에도 쉽게 융합
하는 것이다. 화제도 풍부하고 사교성도 풍부하다.

　화술도 교묘하며 정치면에서 세속적인 이야기 재담에 이르기
까지 화제가 다양하며 입도 손 재주도 겸비한 형이라 하겠다.

　취미의 폭은 넓고 미술, 음악, 스포츠 등 각종 게임에도 능하
고 박식하여 모르는 것이 없을 정도이다. 다만, 깊이가 없어서
무엇인가 한가지 뛰어난 재능이 없어 평범의 영역을 벗어나지
못하는 결점이 있다.

✼ 수상(首相)을 보는 요령

수상을 잘 보는 요령은 기초부터 정확하게 배우는 것이 중요하다. 그러자면 손의 각부분이 의미하는 것을 확실히 기억하고 그것을 연결하면서 겹쳐지는 특징을 간추려 나가야 한다.

전반적 운세를 보는 경우에는 또 어떤 문제에 중점을 두고 보는 경우에도 결코 기초를 잊어서는 안된다. 어느 일부분의 특수한 것만으로 단정을 내리거나 들은 풍월(風月)의 얄팍한 지식으로 함부로 불행한 인생을 비관한다는 것은 옳지 못한 일이다.

일반적으로 수상이라하면 곧 손금(紋線)을 보는 것이라고 생각하지만 손금만이 수상의 전부가 아니다. 손의 상태나 수형의 종류, 손가락의 장단이나 균형, 손톱이나 장구(掌丘) 등을 살핀 뒤에야 손금을 관찰하는 것이며 아울러 색깔이나 지문(指紋)도 참고로하여 판단을 내려야 하는 것이다.

또한 인간은 누구나 장점과 단점을 가지고 있으며 그것은 고정된 것이 아니라 시시각각 변하는 것이다. 그 반영이 손에 나타나는 것이므로 장점이 있다면 이를 신장하고 결점이 있다면 흉(凶)으로 발전하지 못하도록 하는것이 전운명학(全運命學)의 활용이며 불행을 미연에 피하고 개운(開運)과 연결되는 관건(關鍵)인 것이다.

수상은 과거를 알고 현재를 관찰하고 미래를 예지(豫知)하는 학문의 하나이다. 수상을 알게 됨으로써 손해, 약점, 불량에 구애되지 않고 그것을 충분히 인식하여 개운(開運)에의 계단을 한걸음 한걸음 착실하게 올라가는 것을 목표로 수상을 보아야 한다.

손가락을 보는 법

인간에게는 태어나면서부터 타고난 성격·환경(선천성)과 성장하고, 공부하고, 노력함에 따라서 변화해 가는 성격·환경(후천성)이 있다.

선천적인 것으로는, 태어나면서부터 뇌(腦)의 일부에 이상이 있거나 몸의 일부가 변형되고 있는 경우를 제외하면 후천적인 노력이나 수양 등에 의하여 바꿔지게 되는 것이다. 더욱이 현재는 의학의 진보와 심리 연구 등의 발달도 있고 옛날 같으면 손을 들어버릴 질병이나 결함까지 완치되고 호전되는 일이 많다.

따라서 선천적 성격이라 해서 즉, 나는 태어날 때부터의 성격이므로 고칠 수 없다고 체념해 버린다는 것은 옳지 못하다. 수상의 경우도 같다. 선천적인 나쁜 일면이 있을지라도 거듭되는 노력으로 결함을 고쳐 나가면 수상마저도 변화되는 것이다.

그런데 그런 의미로서의 수상을 나누어 본다면 손바닥은 그 사람의 선천적인 것이 많이 나타나 있다. 이를테면 생명선, 두뇌선, 감정선의 굵은 선은 선천적인 것이지만 그 본선에서 나와서 변화하는 지선(枝線)은 후천성인 것이다.

그리고 손가락이란 것은 그 사람의 선천적인 면과 세련된 정신면을 볼 수 있다. 이를테면 손가락 끝에 있는 지문, 이것은 만인부동(萬人不同) 불변의 것이므로 선천적인 것이다. 또 손가락의 마디의 장단도 불변인 것이므로 선천적인 것이다. 손톱의 모양도 마찬가지이다.

그러나 손가락이 생기는 손금(紋線) 각 마디의 살이 부풀어 오른 상태나 색, 그리고 손톱에 생기는 변화 등은 후천적인 것이다. 보다 나은 후천성을 배양하는 것이 개운(開運)의 열쇠가 되는 것이다.

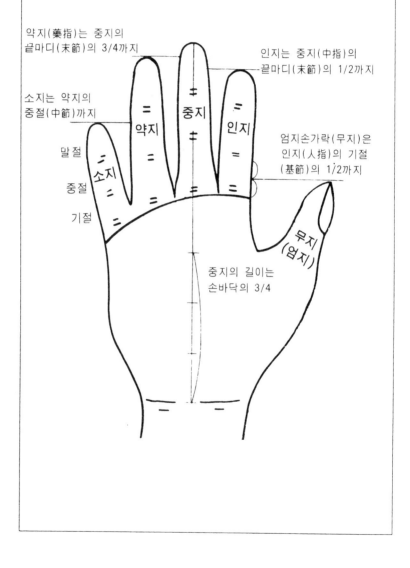

손가락의 명칭(名稱)과 의미(意味)

약지(藥指)는 중지의
끝마디(末節)의 3/4까지

인지는 중지(中指)의
끝마디(末節)의 1/2까지

소지는 약지의
중절(中節)까지

엄지손가락(무지)은
인지(人指)의 기절
(基節)의 1/2까지

말절

중절

기절

약지

중지

인지

소지

무지
(엄지)

중지의 길이는
손바닥의 3/4

무지(拇指)

지배력, 성쇠운, 건강도 등을
나타낸다. 표준보다 긴 사람은
지배력이 강하고 사람들의 중
심인물이 되거나 물질적으로도
행운을 타고 났다.

인지(人指)

야심, 자존심 등을 나타낸다.
긴 사람은 자존심이 강하고 독
단적인 성향(性向)이다.

중지(中指・장지・토성지)

경계심, 주의력 등을 나타낸다.
긴 사람은 신경이 예민하고 사
소한 일에 곧잘 고민하는 성향
이다.

약지(藥指・무명지)

미적감각, 승부운, 형제자매 등
을 나타낸다. 긴 사람은 미술
예능면의 재능이 있으나 놀음
에 손을 대기 쉽다.

소지(小指)

내면적인 성격을 나타낸다. 긴
사람은 혈통이 좋고 기민성이
풍부하며 표현력도 뛰어난 성
향이다.

무지(拇指)를 보는 법

각 손가락에는 제각기 표현
하는 의미가 있고 또 그 장단
에 의한 의미의 개략은 56·
57쪽에 별기(別記)하였으니
참작할 것. 특히, 무지(拇指＝
엄지손가락)와 새끼손가락(小
指)은 중요시해서 관찰하도록
주의하자.

그런데 무지(拇指)의 모양
에도 여러 가지가 있는데 그
모양으로 판단하기로 하자.

◆ 손가락 끝의 살붙임이
두껍고 단단한 경우 (그림 a
의 ㉮)

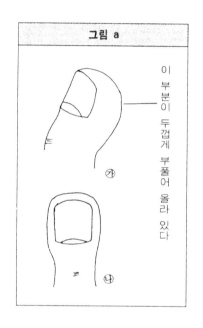

그림 a

이 부분이 두껍게 부풀어 올라 있다

상당히 완고한 면이 있다. 사물에 대한 감각은 조금 둔하거나
느린 편이다. 무슨 행동을 할 때에도 신중하지 않고 조잡(난폭)
한 까닭에 남의 오해를 사기 쉽고, 취미나 좋아함이 현실적이거
나 사람이 싫어하는 것에 흥미를 느끼는 경향도 있다.

◆ 손가락 끝이 폭 넓게 퍼져 있는 경우 (그림 a의 ㉯)

무지(拇指)를 표면에서 볼 때 손가락 끝이 폭 넓게 퍼져 있
는 모양의 경우는 독선적인 면이 강한 사람이다. 특히, 남성은
오른쪽, 여성은 왼쪽의 무지(拇指)에 이 모양이 있다면 가정내
에서의 독선 고집이 강한 편이다.

반면에 남성의 왼쪽, 여성의 오른쪽에 이 모양이 있다면 직업
면에서나 상사에 대하여 고집을 부리는 버릇이 있거나 해서 손

해를 자초하기 쉬운 형이다.

◆ 손가락 끝의 가운데가 가늘어져서 날씬하고 미끈한 경우
(그림 b의 ㉮)

이 형이 지닌 의미는 정신
면과 교제면의 상태나 그 개
성면에 대한 것이다. 여성은
오른쪽, 남성은 왼쪽 손 무지
(拇指)가 이 모양일 경우는
사교성이 탁월하다. 특히 의
식하지 않고서도 주위의 사람
들에게 상냥하고 호감을 주는
사람됨을 나타낸다.

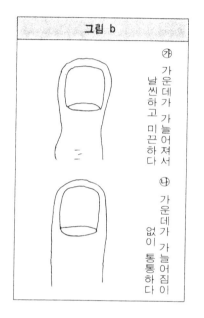

그림 b

㉮ 가운데가 가늘어져서 날씬하고 미끈하다

㉯ 가운데가 가늘어짐이 없이 통통하다

여성의 왼쪽, 남성의 오른
쪽이 이 형이면 정신면의 상
냥함과 풍부성이 모르는 사이
에 가족에게도 영향을 미치게
하거나 조상이나 신불을 소중
히 하는 성향(性向)이다.

◆ 손가락 끝의 가운데가 가늘지 않고 통통한 경우 (그림 b
의 ㉯)

비교적 많은 형이다. 이 형이 표시하는 의미는 성격과 행동,
그리고 취미이다. 남녀 모두 성격은 원만하고 다툼에 휘말려도
끝에 가시는 회해 하려고 노력한다. 또 행동은 극단을 싫어하고
상식에서 벗어난 일은 하지 않는다. 취미도 고상한 편이다.

◆ 모양이 보기 안 좋은 경우

언뜻 보아서도 모양은 보기가 안 좋다. 이 형이 지닌 의미는
사고면(思考面)과 감수성이다. 남녀 모두 좌우의 무지(拇指)가

이 형이라면 사물에 관한 사고는 단순한 경향을 띄고 있다. 악기(惡氣)가 없는데도 깊이 생각하지 않는 행동으로 오해나 실패를 자초하는 원인으로 될 것이다.

　행동면에는 다소 거치른 편이 돋보인다. 또 애정면으로도 감도(感度)가 양호하다고는 할 수 없다.

인지(人指)를 보는 법

　인지(집게손가락)는 곧게 뻗어 있고 홈이나 점도 없이 표준인 것이 보통이다. 볼 때는 길이만이 아니고 굵기도 외면해서는 안된다. 다른 손가락과 비교하여 더 굵은 경우는 표준보다 긴 경우와 같은 의미를 지니게 된다.

　만약에 홈이나 점이 있다면 인지(人指)가 지니고 있는 지배력, 향상심을 훼손케 한다고 보아야 한다.

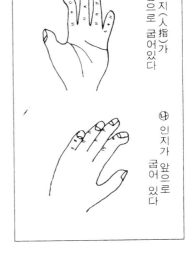

㉮ 인지(人指)가 옆으로 굽어 있다

㉯ 인지가 앞으로 굽어 있다

　◈ 옆으로 굽어 있는 경우 (그림 ㉮)

　남성에게 있어서 왼손 인지가 옆으로 굽어 있을 때는 사람을 지배하는 윗자리에 있을 경우에 대체적으로 무척 고생하게 마련이다. 또한 저승점이나 연필로 찌른 뒷자리가 태어날 때부터 타고난 멍(田斑)처럼 되어 있는 경우도 같지만 아무래도 야심이나 향상심이 좌절되어 마지막 한걸음에서 물거품이 되기 쉽다. 후천성의 경우도 같다.

◆ 앞으로 굽어 있는 경우 (그림 ⑭)

손가락 끝이 살무사의 머리처럼 앞으로 굽어 있으면 손버릇이 나쁘게 보이는가 하고 지칭(指稱)될 듯 하지만 소지(小指＝새끼손가락)의 항목에서 말한 것처럼 그렇지 않다.

도리어 소극적으로 되거나 신중함이 지나칠 정도의 형이다. 다만 신용문제로 억울한 누명을 쓰기도 하고, 노력한 만큼 명예를 얻지도 못하게 되는 손해를 입는 경우가 있다.

소지(小指)를 보는 법

소지(小指＝새끼손가락)를 볼 때에는 무지(拇指)와 한쌍으로 봐야 한다. 무지가 좋지 않으면 소지도 좋지 않은 경우가 많은 까닭이다.

또 소지는 다른 손가락과 달라서 손가락의 길이가 표준보다 길지라도 단점으로 판단되지는 않는다. 다만 극도로 짧을 때에는 여러 가지 불리한 면이 생기게 될 것이다.

◆ 굽어 있는 경우

소지(새끼손가락), 어쩐지 귀여움을 느끼게 한다. 어린

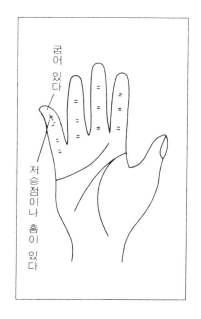

아이와 서로 무엇을 약속할 때 새끼손가락을 걸고 맹세한다. 이런 때는 절대로 인지(人指)나 중지(中指)를 거는 일은 없다.

정말 재미있는 일이다.

또 예로부터 손버릇이 나쁜 것을 나타낼 때, 인지를 굽혀서 나타냈지만 이것이 틀리는 것이다. 사실은 그러한 뜻을 표시하는 손가락은 소지(小指)와 약지(藥指)에 있는 것이다.

즉, 소지가 굽어 있는 것이다.

이 경우 어느 쪽으로 기울어져서 날씬하고 미끈하게 굽어 있는 것이 아니라 뚜렷하게 굽어 있어야 한다. 동시에 소지의 길이가 표준보다는 더 짧거나 흠이 있거나 저승 점이 있을 때에는 생각하지도 않은 때에 생각하지도 않은 버릇이 나와 범행이나 거짓말을 해서 남을 속이는데 능난하다.

중지(中指)를 보는 법

다섯손가락의 중심이 되는 손가락이다. 좌우 어느쪽으로도 기울지 않고 흠이나 점 등의 결함이 없으면 길(吉)이다. 자기를 나타내는 손가락이므로 똑바로 뻗어 있기를 바라고 싶다.

또 각 마디의 간격이 비슷한 정도이면 상식가이며 자기의 직분에 대해서도 성실하게 노력하는 형이다.

◆ 약지(약손가락＝藥指) 쪽으로 굽어 있는 경우 (그림 a)

중지를 「자기」라고 한다면 약지는 혈육으로 본다. 따라서 약지쪽으로 굽어 있는 경우는 혈육에 대하여 변측적으로 의지하게 되는 것이 되고 구체적으로는 혈육에 폐(弊)를 끼치게 되는 경우가 많이 있는 편이다.

◆ 인지 쪽으로 굽어 있는 경우 (그림 b)

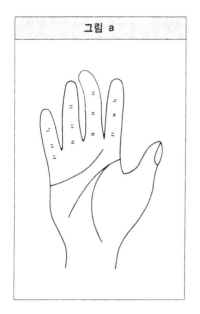

그림 a

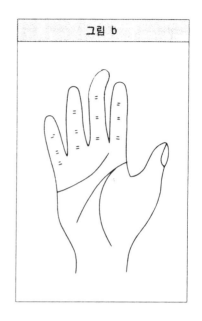

그림 b

인지는 타인이 되는 것이므로 남에게 폐(幣)만 끼치게 되는 일이 많은 것을 의미한다. 어느 쪽 이건 성격적으로 삐뚤어져 있는 편이다.

◈ 앞으로 굽어 있는 경우 (그림 c)

중지는 주의력이나 경계심의 강약을 보는 손가락이므로 앞으로 굽어 있는 경우는 주의력이나 경계심이 강하다고 판단하지만 다만, 극도로 지나치게 굽어 있을 때는 너무

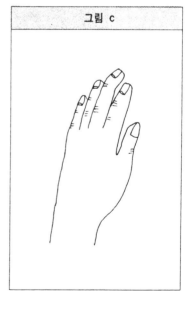

그림 c

나 경계심이 강한 나머지 사람을 보면 도둑으로 생각하는 것처럼 의심증이 많아서 교제면에서의 인화(人和)가 결여되는 결과가 될지도 모른다.

약지(藥指)를 보는 법

약지(藥指)는 미에 관한 감도의 강약이나 예술·예능면에의 이해나 재능의 유무를 나타낸다. 이를테면 외국의 예술가로서 거장(巨匠)이니 천재니 하는 피아니스트의 손가락을 보면 이와 비슷한 것이다.

또 손가락의 길이와 함께 각 마디의 길이의 균형과 홈의 유무, 살이 어떻게 붙어 있는가를 보는 것도 요령이다.

만약 약지가 표준의 길이라

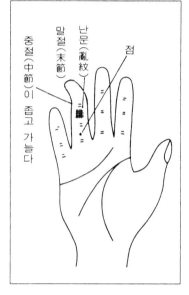

할지라도 손가락의 폭이 다른 손가락과 비교하여 굵다던가 각마디의 길이가 균형을 이루고 있어서 그 각 마디마다 보기 좋게 살이 부풀어 있을 때에는 표준보다 길다는 의미가 되는 것이다. 즉, 미에 대한 감도가 좋고 예능·예술면의 이해가 탁월하다는 것이 된다.

놀음운 등은 손가락의 길이와 가운데 마디의 상태, 홈, 점의 유무, 손가락의 굽이 등으로 판단해 나간다.

◈ 굽어 있는 약지(藥指)

이 손가락이 굽어 있을 때는 말할 것도 없이 미에 관한 감도
가 둔하고 이해력이 부족함을 나타낸다. 뿐만 아니라, 미나 상
냥함에 대한 편견적인 성격으로 미를 악용한 사기 행위 등으로
치닫기 쉬운 경향이 있다. 만약 가운데 마디에 살이 없거나 난
문(亂紋)이 있거나 흠, 점이 있다면 놀음을 좋아할지라도 결과
적으로는 손재주나 실패에 부딪치게 될 것이다.

손톱을 보는 법

손톱은 피부가 각질화(角質化)한 것이며 피부의 연장이라고 하겠다. 따라서 손톱은 체질을 탐지하는 창문이며 건강의 측정 수단이 될 수 있는 것이다.

손톱의 기본적인 모양은 불변(不變)이지만 그 개개(個個)의 손톱 가운데 형상(形狀)의 변화나 색의 상태를 관찰함으로써, 질병의 조기발견이나 걸리기 쉬운 병을 미리 짐작할 수가 있다. 또한 옛날부터 성격이나 운세(運勢)의 판단에도 활용되어 왔었다. 손톱점(占)이라는 말이 있는 것을 보아도 알 수 있는 것이 아니겠는가?

되풀이해서 말하건데 피부의 연장이며 내장을 망진(望診)하는 창문이 손톱이므로, 하루하루의 건강 상태를 손톱으로 살피는 습성도 중요한 것이다. 그러자면 손톱의 반달과 손톱 그 자체의 색을 관찰해야 한다. 무엇보다도 먼저 반달이 언제나 몇개의 손가락에 나와 있는가를 알아 두어야 한다.

이를테면 반달이 모든 손톱에 조금씩이나마 고루 나와 있다면 심지가 튼튼한 예이다. 더군다나 생명선이 굵고 뚜렷하다면 다소의 질병에는 끄덕도 하지 않는 형이다.

반대로 어느 손톱에도 반달이 보이지 않을 때나 나와 있어도 약간인 경우 등 여러 가지이겠지만 요컨데 반달의 나와 있는 상태가 평소보다 작아진 경우는 신체의 피로 혹은 변조(變調)를 고하고 있는 것이라고 보는 것이다.

또 좌우 어느 쪽이건 무지(拇指)의 손톱에 윤기가 없고 색상이 좋지 않을 경우에는 심장이 고단한 표시이다. 만약 반달의 색상이 평소에 비하여 나쁘거나 특히 붉으레 해진 경우는 생리면의 불조(不調)에 주의할 필요가 있는 것이다.

손톱의 형상(形象)과 의미(意味)

손가락을 덮어 씌운 것처럼 보인다

결핵 손톱

긴 손톱

이 부분이 얇다

큰 손톱

보통 손톱

전체적으로 작다

작은 손톱

폭이 좁다

말절의 1/2보다 길다

좁은 손톱

넓은 손톱

말절의 1/2보다 짧다

짧은 손톱

한쪽이 높다

전체적으로 굽어 있다

변형 손톱

역삼각 손톱

삼각손톱

조개 손톱

○ 보통 손톱‥손톱의 길이와 폭의 비율이 4대3 으로 각 손가락의 끝마디의 1/2을 차지하고 있는 것이 표준이다. 모양이나 색이 좋으면 건강하고 쾌적한 생활을 보낼 수 있다.

○ 큰 손톱‥손톱의 길이를 5라고 하면 폭이 3대4의 비율이 된다. 손가락의 끝마디의 1/2이상을 차지하고 있는 크기이므로 손톱이 손가락의 끝머리 전체를 덮고 있는 것 같은 느낌을 준다. 성격상으로는 온순하고 호흡기계의 지근병에 조심해야 한다.

○ 긴 손톱‥길이와 폭의 비율이 5대30이다. 손가락 끝마디의 1/2이상의 길이지만 손가락 끝의 주위와 손톱과의 사이는 보통이다. 성격적으로는 침착성이 있으나 한편으로는 소극적인 면이 있겠다.

○ 결핵 손톱(숟갈손톱)‥큰 손톱의 일종으로 둥글고 커서 숟가락을 손가락 끝에 덮어 씌운듯이 보인다. 결핵 제1기 때의 손톱에서 거의 볼 수 있는 모양이다. 색이 자색이 되던지 원뿌리에 힘줄이 있는 것은 병의 진행을 나타낸다.

○ 짧은 손톱‥길이와 폭이 비슷한 모양으로 손가락 끝마디의 1/2보다도 작은 손톱이다. 머리가 좋고, 탐구심이 강하다. 남들과 이론적으로 따지기를 좋아하는 성향이다.

○ 넓은 손톱‥길이와 폭의 비율이 3대4로 새로(縱)보다도 가로가 더 길어서 손가락 끝마디의 1/2보다 작은 손톱이다. 성격이 급해서 손해를 보기 쉽다. 손톱이 네모진 경우는 상식가이다.

○ 좁은 손톱‥길이와 폭의 비율이 5대2 정도로 손가락 끝마디의 1/2보다는 더 긴 길쭉하고 폭이 좁다. 신경질적이고 미묘한 형이다.

○ 작은 손톱‥길이와 폭도 작지만 그런대로 잘 정돈되어 보기에 좋은 모양이다. 신경과민증이고 정열가이다. 순환기 계통과 심장에 문제가 있는 형이다.

○ 조개 손톱‥두 종류가 있다. 손톱이 세모꼴인 것과 역 삼각형인 것이다. 어느 것이나 작은 손톱과 비슷하게 작은 편이다. 정삼각형인 사람은 화려한 것을 좋아하고 변덕이 있는 형이다. 역삼각형인 사람은 의지가 약하고 신경질 적이다.

○ 변형(變型)손톱‥얇고 전체적으로 굽어 있는 사람은 솔직성이 결여되어 있다. 손톱 끝 모서리가 변형된 사람은 이상가(理想家)가 많다.

손톱의 변화(變化)로 보는 법

◆ 둥근 정도가 작고 평탄해진 경우 (그림 ㉮)

즉, 손톱의 밑뿌리의 살에 온통 묻혀 있는 경우는 신경통 류마티스의 상(相)이 있다.

◆ 끝이 무르게 된 경우 (그림 ㉯)

끝머리가 엷은 껍질처럼 무르고 부서지기 쉬운 때는 기생충이 있는 경우이다.

◆ 표면에 세로(縱)줄이 나타나 있는 경우 (그림 ㉰)

체력적으로 무리를 하고 있거나 또는 정신적으로 피로가 심할 때, 수면 부족인 때, 신경 쇠약인 때를 나타내는데 젊은 사람들의 세로줄이 보다 중시된다.

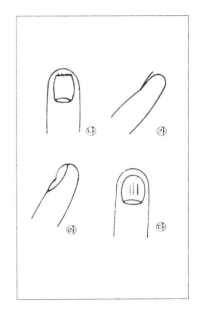

만약 세로줄 위에 좁쌀같은 것이나 점 같은 것이 생겼다면 기생충이 체력에 영향을 미치게 하고 있거나 담배나 술, 또는 다른 약물에 의한 중독(몸에 맞지 않는 약이나 영양제의 과용) 등을 나타내는 것이다.

◆ 표면이 오물어(凹)들은 경우 (그림 ㉱)

심신(心身)의 변조(變調)나 기생충 때로는 질(疾)의 좋지 않음을 나타내는 것이다.

70

반달을 보는 법

손톱의 밑뿌리쪽에 있는 작
고 흰부분을 반달이라고 하는
데 보통 작은 손톱(小爪)이라
고 한다. 이 반달은 무지(拇
指)와 인지(人指)에는 다른
곳 보다는 더 많이 나와 있
다.

다섯손가락에 보기 좋게 나
와 있을 때에는 바탕이 튼튼
해서 웬만한 신환(身患)에는
타격을 받지 않는 체질을 지
니고 있다.

언제나 무지(拇指)에만 나
와 있을 경우에는 제법 단단

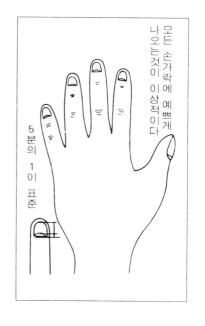

해 보이는 체질이라도 의외로 약한 면이 있다.

전혀 나와 있지 않는 경우에는 심신(心身)이 모두 피로해 있
어서 비록 누워버리지 않았을지라도 몸의 컨디션이 항상 좋지
않으며 조그마한 병에도 누워버리거나 회복이 느린 편이다.

또한 여태까지는 반달이 나와 있었지만 무지(拇指)의 반달이
사라져 버린 경우에는 상당한 피로가 쌓여 있는 증거이다. 순환
기계통의 질병에 특히, 조심하여야 한다.

반달이 나와 있는 것은 좋은 일이지만 지나치게 너무 나와
있어도 좋지가 않다.

표준은 손톱의 1/5까지가 한도이므로 그 이상으로 너무 많이
나와 있는 경우에는 심장병, 뇌일혈, 결핵 등에 조심해야 한다.

흰점·검은 점을 보는 법

손톱에 나 있는 반점은 여러 가지 있으나 그 대표적인 것이 백점(白點)과 흑점(黑點)이 있다.

◈ 백점이 생긴 경우

무지(拇指)의 손톱에 생긴 경우 애정에 관한 기쁨이 있겠다. 애정이란 부부간이나 이성간의 애정만이 아니라, 보다 넓은 뜻에서의 애정을 나타내는 것이다. 부자·형제·친척·친우 등 모든 경우의 애정에 관한 기쁨을 가리킨다.

인지(人指)의 손톱에 생긴 경우 공적인 교제에 의한 이익을 얻는다. 중지(中指)의 손톱에 생긴 경우, 여행에 의한 기쁨을 의미한다. 여행하게 되는 기쁨인 경우나 친한 사람 또는 뜻하지 않은 사람으로 부터 선물을 받게 되는 기쁨도 포함된다.

약지(藥指)의 손톱에 생긴 경우 명예를 얻는데서 느끼는 기쁨을 표시한다. 남에게 칭찬을 받는 기쁨도 있다.

소지(小指)의 손톱에 생긴 경우 뜻하지 않는 횡재나 부업 등으로 벌게 되는 등 이익을 보게 될 것이다.

◈ 흑점이 생긴 경우

무지(拇指)의 손톱에 생긴 경우 교우상(交友上)의 실패를 뜻한다.

인지(人指)의 손톱에 생긴 경우 마음이 헛갈려 갈피를 잡지 못하다가 손재수(損財數)를 보는 것을 뜻한다.

중지(中指)의 손톱에 생긴 경우 조심성이 부족하여 사고를 일으키거나 다툼에 부딪친다.

약지(藥指)의 손톱에 생긴 경우 무정, 여인관계, 정욕에 의한 과실에 조심해야 한다.

소지(小指)의 손톱에 생긴 경우 자녀, 생식기관에 요주의의 경종을 뜻한다.

장구(掌丘)를 보는 법

장구(掌丘)란 손바닥에 기복(起伏)을 나타내고 있는 여덟 군데의 언덕같은 살과 중앙의 화성(火星)평원을 가르키는 것이다.

그 명칭은 삼라만상(森羅萬象)의 모든 것이 목(木), 화(火), 토(土), 금(金), 수(水)의 다섯으로 집약된다는 오행설(五行說)로부터 우주의 큰 별을 형상(形象)하여 인지의 하구(下丘)를 목성구(木星丘), 중지의 하구(下丘)를 토성구(土星丘), 소지의 하구를 수성구(水星丘)라 부르며 중앙이 화성평원인데 그 좌우 즉·무지(拇指)쪽의 조금 불룩한 곳을 제1화성구, 소지쪽의 조금 불룩한 곳을 제2화성구라 한다. 그리고 무지의 밑뿌리쪽의 가장 크게 불룩한 곳을 금성구(金星丘)라 한다.

이 다섯 성구(星丘)와 약지의 아래를 태양구(太陽丘)라 하고 금성구의 반대쪽을 월.구라 한다.

그런데 각구(各丘)를 볼 때는 각구의 발달 상태를 살피면서 동시에 전체의 균형도 고려하여야 한다. 만약 한 곳만 발달해 있고 다른 장구(掌丘)가 미약하면 그 발달된 장구는 너무 불룩한 경향이 있다고 보아야 한다는 것이다.

또한 주위의 장구 가운데 목성구, 토성구, 태양구, 수성구 등 네 장구의 불룩한 상태가 각기 손가락 바로 밑이 아니라 어느 쪽으로든 살짝 벗어나서 불룩해 있는 경우가 있거니와 그럴 때에도 불룩한 살집이 있으면 장구가 자리잡고 있는 것으로 본다.

그리고 중앙에 있는 화성평원의 오목한 정도가 사람마다 조금씩 다르다는 것도 주의해서 잊지 않아야 한다.

가느다랗게 길게 뻗히면서 운명선을 따라 오목한 경우, 금성구쪽의 옆으로 오목한 경우, 혹은 감정선의 주위에서 크게 오목해져 있는 모양 등 여러 가지 경향이 있는 것이다.

장구(掌丘)의 명칭(名稱)과 의미(意味)

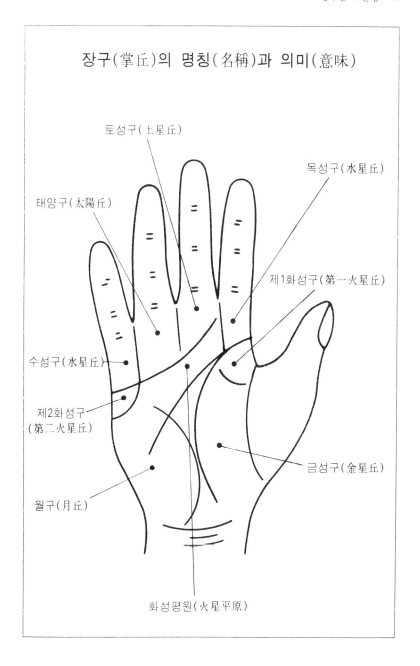

토성구(土星丘)

목성구(水星丘)

태양구(太陽丘)

제1화성구(第一火星丘)

수성구(水星丘)

제2화성구
(第二火星丘)

금성구(金星丘)

월구(月丘)

화성평원(火星平原)

● 목성구＝지배력, 야심, 명예욕 등을 나타낸다. 발달하고 있는 사람은 성공하는 소질이 있다.

● 토성구＝세심성, 판단력, 신비성 등을 나타낸다. 발달하고 있는 사람은 성실하고 지식욕도 왕성하다.

● 태양구＝독창력, 예술적 재능기품 등을 나타낸다. 발달하고 있는 사람은 개성적인 매력의 소유주로서 사랑을 받는 형이다.

● 수성구＝상업, 연구심, 사교성 등을 나타낸다. 발달하고 있는 사람은 남의 심리를 잘 파악하는데 능해서 상술이 뛰어나다.

● 제1화성구＝투쟁력 적극성, 정신력 등을 나타낸다. 발달하고 있는 사람은 자존심이 강하고 실천력이 있는 형이다.

● 제2화성구＝인내력, 정의감, 내면적인 강함을 나타낸다. 발달하고 있는 사람은 의지가 강하고 의지할 만한 형이다.

● 월구＝애정, 감수성, 재능의 여하를 나타낸다. 발달하고 있는 사람은 우정이 두텁고 낭만적이다.

● 금성구＝육체적인 애정, 정력, 재운 등을 나타낸다. 발달하고 있는 사람은 명랑하고 건강하다.

● 화성평원＝성격, 운기(運氣)의 강약을 나타낸다. 움푹 들어간 역삼각형인 사람은 사랑의 괴로움이 많은 사람이다.

목성구(木星丘)를 보는 법

목성구는 솔로몬구라고도 일컬어진다.

왜 그럴까? 그것은 그림으로 설명한 것처럼 지배를 나타내는 장구(掌丘)인 까닭이다. 그 지배라는 것을 주안으로 하여 야심이나 명예 그리고 신용문제 또는 교제면이나 일의 성·불성(成不成)을 색상으로 분별하며 음성의 대소도 이 장구로 알 수 있다.

남성의 왼손의 목성구가 유달리 두드러지게 부풀어 올라 있을 때는 범상치 않는 야심

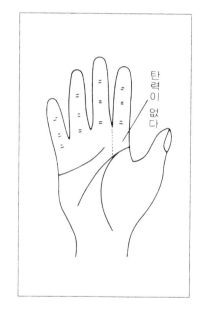

가로 활기도, 행동력도, 그리고 신용면에서도 강하다고 본다. 그러나 오른손의 목성구만이 유달리 크게 부풀어 있을 때는 가정 내에서 폭군이 될 우려가 있다.

여성인 경우, 오른손의 목성구에 전연 부풀음이 없을 때는 사교가 서툴고 직장에서는 말하고 싶은 것도 마음대로 표현하지 못하여 손해를 보거나 공부나 연구면에서의 향상심도 적고 마음으로 사귈 수 있는 친구를 얻기 힘든 형이다.

반대로 여성의 왼손 목성구의 장도(張度)가 지나친 경우는 성격은 밝고 활동력이 강한 형이다. 마음에 양심을 감추고 있다. 만약, 두뇌선이 좋으면 중년 이후부터는 사교가 능난해진다던가 개성적인 매력이 강해진다.

토성구(土星丘)를 보는 법

토성구는 자기를 나타내는 중지 하부의 장구를 가르킨다. 또 이 장구를 향하여 뻗어 있는 선을 운명선이라고 하므로 자기를 중심으로 한 성격이나 그 행동면도 나타내고 있는 장구이다.

즉, 상식도(常識度)나 지식욕, 경계심과 주의력, 주위의 사람이나 사회에 대한 생각, 때로는 사상성(思想性)이나 신비성 등도 알아 볼 수 있는 장구인 것이다.

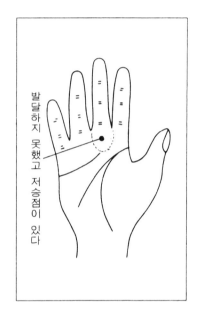

발달하지 못했고 저승점이 있다

여성의 오른손 토성구가 과도하게 발달하고 있다면 지식욕이 강한 노력가이며 상식도 풍부하여 주위와의 인화도 소중히 하는 명랑한 성격이다.

만약 다른 장구와 비교하여 유달리 돋보일만큼 발달하고 있을 때는 자기를 지키는데 충실하다. 어느 편이냐 하면, 보수적인 사고(思考)로 편향(偏向)되는 성격을 지니고 있다.

남성의 왼손 토성구가 발달해 있지 않을 때는 경계심이 강하고 자기를 지키는데 언제나 집중하는데 지나쳐서 주위와의 협조성을 잃기 쉬운 경향이 있다. 그러므로 고독성이 강하고 자기의 울타리 안에 갇혀 있기를 좋아하게 된다.

또한 저승 점 즉, 연한 다갈색이고 윤기가 없는 조그마한 점이 있다면 비상식적인 사고(思考)를 가졌거나 음산(陰散)한 성

격이나 편벽(偏僻)된 면이 강해서 운세(運勢)에의 손실을 자초
하기 쉽다.

그리고 오른손 토성구가 극도로 발달해 있다면 나이를 더할
수록 가정내에서의 완고성이 강해지기 쉽다.

태양구(太陽丘)를 보는 법

이 장구(掌丘)는 아폴로의
신, 미의 신, 사랑의 신의 장
구라 일컫는다. 따라서 예술
・예능면의 독창력, 행복도의
기품, 재정이나 경제면에의
감도와 능력, 일의 성・불성
(成不成)에 관한 강약 등을
나타내는 장구이다.

목성구, 토성구, 수성구와
비슷하게 부풀어 오르고 있는
상태를 적당한 장도(張度)로
본다.

만약 여성의 오른손 태양구
가 적당하게 발달하고 있을

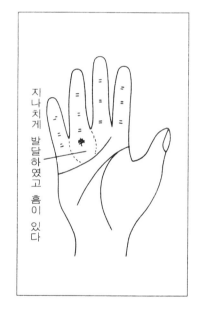

지나치게 발달하였고 흠이 있다

때는 애정면이나 미적 감각이 풍부하고 사교면도 좋은 편이다.
비교적 개방주의로 사소한 일에 우물쭈물하지 않으므로 주위의
사람에게 사랑을 받는 형이다.

만약 여성의 왼손, 남성의 오른손의 경우의 태양구가 유달리
돋보일만큼 지나치게 발달하고 있다면 어떨까? 무슨 일이나 지
나치면 미치지 못함만 같지 못하다고 했듯이 명예욕이라기 보

다는 겉보기를 뽐내려는 기분이 강해서 필요이상의 사치를 하고자 하거나 자주 싫증을 내거나 하는 한편, 의심증이 많고 성미가 급함 등 좋지 않은 면이 나타나기 쉽다. 만약 저승점이나 홈이 있는 경우에는 각별히 주의하지 않으면 독선성(獨善性)을 억제하지 못할 것이다. 특히, 바로 지금 연애중인 사람은 조심해야 하겠다.

남성의 좌(左), 여성의 우(右)의 태양구에 전혀 발달이 없을 때는 정신적 불만이 많고 미에 관한 감도가 둔한 까닭에 예술면에의 이해심이 옅고 사교도 능하지 못하다.

수성구(水星丘)를 보는 법

소지(小指)의 아래 장구(掌丘)를 가르킨다. 이 장구는 상업의 신의 장구라 일컫는다.

그러므로 나타내는 의미도 상업에 관한 재능이나 연구심의 강약, 사교성의 유무 등과 정력도도 나타낸다. 또 변론성의 유무 즉, 언변이 능란하냐, 서투냐하는 그런 면의 재능과 재운(財運)의 강약도 나타낸다.

여성의 오른손 수성구가 다른 장구와 비교하여 유달리

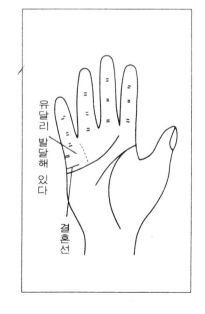

두드러진만큼 발달하고 있을 때는 사교성도 있고 명랑한 성격

이다. 호르몬도 충분하다. 만약 결혼선이 감정선에 가깝고 강하게 나와 있으면 조혼의 형이라 하겠다.

반대로 여성의 왼손 수성구가 유달리 발달하고 있을 때는 조숙한 편이겠다. 일찍부터 이성(異性)에 관심이 강하거나 인기가 있는 여자일 것이다.

남성의 왼손 수성구가 두드러지게 발달하고 있는 때는 변설(辯舌)이 시원한 형이거나 아주 상술이 능란하다. 때로는 연구심이 왕성하다. 만약 두뇌선이 좋으면 수학이나 의학 방면, 심리연구면에서의 재능을 발휘할 수 있을 것이다.

만약 남녀간에 좌우의 수성구가 발달하지 않았을 때는 호르몬 부족이라는 의미에서라도 성(性)에의 눈뜸이 늦거나 그러한 면에 대한 관심이 희박하고 냉담하게 되는 경향이 많을 것이다. 여성은 특히 결벽증(潔癖症)이 있기 쉽고 남녀 교제에 손해가 된다.

제1화성구(第一火成丘)를 보는 법

이 장구(掌丘)는 무지(拇指)의 밑둥과 생명선의 출발점과의 사이에 있는 비교적 좁은 부분의 장구를 가르킨다.

이것은 손바닥의 중앙에 위치하는 화성평원의 움푹 들어간 곳에 대하여 양(陽)의 장구로 볼 수가 있다. 즉, 모든 것에 대한 행동력의 강약, 적극성의 유무 내지 투쟁적 정신력이나 자존심의 강약도 나타내고 있다.

만약 남성의 왼손 제1화성구가 유달리 발달하고 있을 때는 행동력은 강하지만 무슨 일에서 밀어 붙이는 일변도(一邊倒)의 성격으로 남에게 일보라도 양보하는 부드러움이 없다. 사업면에서도 완고함이 지나쳐 뜻하지 않는 실패나 분쟁의 씨앗이 되기 쉬운 손실점이 있다.

남성의 오른손 제1화성구가 유달리 지나치게 발달하고 있다면 아마도 가정내에서는 필시 폭군일 것이다. 사소한 일로도 성미를 부리거나 폭력을 휘두르거나 행동이 거치른 면이 많아서 가족을 안절부절하게 한다. 그 위에 이 장구에 강한 횡선(橫線)이 있다면 걸핏하면 남과 싸우며 횡포가 심하다.

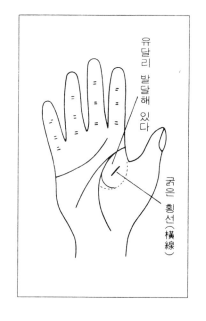

남녀간에 좌우의 제1화성구에 전혀 발달이 없는 경우는 적극성이 결여된 까닭에 일의 기회를 놓치거나 손해를 보거나 번연히 생각은 하고 있으면서도 좀처럼 실행에 옮기지 못하는 성격 때문에 손실이 많은 형이다. 여자인 경우에는 눈물이 많은 울보이거나 겁이 많을 것이며, 좋은 사람이 있어도 멀리서 짝사랑하는 형일 것이다.

제2화성구(第二火星丘)를 보는 법

이 장구(掌丘)는 감정선의 출발점 하부와 월구(月丘)의 상부 사이에 위치하는 부분이다. 화성평원을 끼고 제1화성구의 반대측에 자리잡고 있으며 화성평원에 대한 음구(陰丘)라고 일컬어진다.

즉, 모든 것에 대한 인내력과 저항력의 강약을 나타내는 장구

이다. 또 표면에 나타나지 않
는 성격의 강도나 정의감의
유무도 볼 수 있다.

남녀간의 좌우의 제2화성구
와 제1화성구와 같은 정도로
발달하고 있을 때는 제1화성
구의 적극성과 행동력에 무리
가 없도록 조절을 한다. 즉,
인내력을 발휘하여 무모한 행
동을 하지 않게 안전한 역할
을 할 수 있다는 것이다.

그러므로 화성평원을 끼고
음(陰)과 양(陽)과의 균형이
유지되고 있는 까닭에 행동면
에서의 상식을 지닐 수 있게 된다는 것이다.

만약 남성의 왼손 제2화성구, 여성의 오른손 제2화성구가 두
드러지게 발달하고 있어서 제1화성구의 장도(張度)가 없을 때
에는 밖에서는 타인에 대해서 무척 인내심이 강하고 온순하며
지나친 행동도 하지 않는 이른바 대인관계나 세평이 좋은 사람
이라 하겠다.

그리고 또 남성의 오른손 제2화성구, 여성의 왼손 제2화성구
에 전혀 발달이 없고 상향(上向)의 반항선이 있고 제1화성구의
장도(張度)가 있을 때는 가정내에서는 독선적이고 인내를 하지
않을 뿐만 아니라 쉽게 반항한다. 대내(對內) 가정에서의 평이
좋지 않은 편이다.

금성구(金星丘)를 보는 법

이 장구(掌丘)는 무지(拇指)의 밑둥 하부(下部) 손바닥에서는 가장 크게 부풀어 있는 부분을 가르킨다.

생명선을 경계로 하여 월구(月丘)와 접하고 있으나 그 대소(大小)와 부풀어 오른 정도에 따라 개인차가 많고 월구와 비교하면서 살펴 보는 것이 중요하다. 이 장구가 나타내는 의미는 정력도 육체적 애정의 후박(厚薄), 건강 상태, 재운(財運), 가정운, 음덕운(陰德運) 등이다.

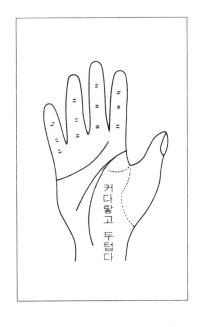

커다랗고 두텁다

남성의 좌우 금성구가 크고 두껍게 단단한데 월구가 발달해 있지 않을 때는 성격이 명랑하고 행동력도 있고 건강도 좋은 상태다. 따라서 금전운도 있게 될 것이다. 그러나 사나이답고 믿음직한 형이지만 너무 현실적이어서 꿈이 적은 것이 흠이 될 수 있다.

이를테면 한 여인을 좋아하게 되었다고 하자. 보통이면 서로 눈을 바라본다던가 데이트를 하면서 사랑을 속삭일 것인데도 그런 일은 대수롭게 생각지 않는다. 먼저 뼈마디가 녹아날 만큼 사랑하고 싶어져서 여관으로 직행하고 마는 그러한 형이라 하겠다.

여성의 좌·우 금성구가 두드러지게 발달하고 있을 때는 명

랑하고 소탈해서 여두목 감이지만 동작이 지나치게 남성적이거
나 사물에 태연하다. 사랑을 하기보다는 가정이나 승용차 소유
주와 결혼하고 싶다고 생각하는 형이다. 월구와 비슷한만큼 발
달되어 있다면 동정심도 강하고 가정적이다.

월구(月丘)를 보는 법

이 장구(掌丘)는 새끼손가
락(小指)쪽의 밑부분에 위치
하여 금성구와 서로 마주 보
고 있는 넓은 부분을 가르킨
다. 달(月)의 여신, 꿈의 여신
의 장구라고도 일컬어지고 있
으나 금성구와 비교해 가면서
보아야 한다.

금성구가 육체적 애정을 나
타내는 것과는 반대로 월구는
정신면의 애정을 나타낸다.
또 창조성의 유무와 문학·예
술·예능면의 재능이나 인기
도(人氣度)도 나타낸다.

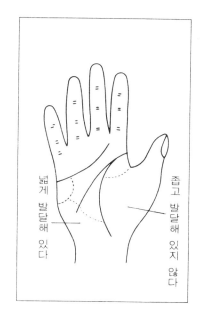

남녀간에 좌우의 월구가 적당하게 발달하였고, 금성구와의 균
형이 좋을 때는 마음도 상냥하고 수위의 사람에게도 친절하다.
창조력도 풍부하고 아름다운 꿈을 생각하기도 한다. 또 예술·
예능면에서의 이해력도 뛰어나고 있음을 나타낸다.

만약 여성의 좌우의 월구가 지나치게 발달해서 금성구의 장

도(張度)가 비교적 적을 때는 낭만적이다. 상냥해서 좋으나 꿈을 추구함이 지나쳐서 현실을 직시하지 못하는 손실이 생기기 쉽다.

결혼관을 말하면 언젠가는 별나라 왕자님이 나를 사랑해 줄 것이라던가……등등 실현될 수 없는 상상을 하는 형이다. 또한 사랑을 속삭이면서 푸른 달빛 아래 데이트를 하면서 달콤한 꿈에 젖어 있어도 손을 대면 싫다고 거부하는 것은 잊지 않는다.

남녀간에 좌우의 월구가 발달해 있지 않을 때는 이기주의로 흐르거나 창조력, 상상력의 부족이 마음의 풍요로움을 잃고, 고립하기 쉬운 입장이 되는 수가 많은 것이다.

화성평원(火星平原)을 보는 법

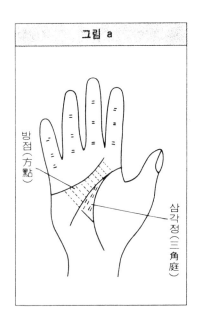

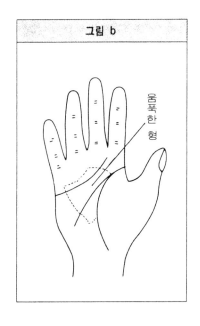

화성평원이란 손바닥 중앙부에서 다소 움푹 들어가 있는 부분을 가르키며, 방정(方庭)과 삼각정(三角庭)을 포함하고 있는 부분이다. (그림 a)

이 부분은 전체적 운세의 경향을 본다. 그리고 방정(方庭)과 삼각정으로 개개(個個)의 성격 등을 보지만 그 가운데서 비교적 알기 쉬운 화성평원의 움푹 들어간 상태를 보는 방법을 몇 가지 소개 하겠다.

◈ 역삼각형(逆三角形)의 화성평원 (그림 b)

이 형은 손바닥의 움푹 들어간 상태가 감정선에 연하여 넓어져 있다. 성격적으로는 감정이 섬세하고 감각적으로도 예민성을 지니고 있다. 그러나 운세적(運勢的)인 흐름으로 볼 때, 감정면이 중심이 되어가는 경향이 있다.

청춘시대라면 사랑의 괴로움이 비교적 많이 생기기 쉽다. 또 사교면에서의 감정 문제에도 항상 근심 걱정이 많은 것을 나타낸다.

◈ 세로로 길게 움푹 들어간 화성평원 (그림 c)

이 형은 운명선에 잇닿는 형, 즉 토성구 태양구를 향하여 가늘고 길게 움푹 들어간 곳이 있는 경우이다.

성격적으로는 얼마쯤 걱정을 하는 경향이 있다거나 소극적이며 신중형인데 이따금 침착성이 없이 서두르는 편이 있기도 하다.

운세적(運勢的)인 흐름으로 말하면 사배 공반(事倍功半)으로 견실이 없는 수가 많거나 애써 노력하면서도 끝내 남에게 이용 당하여 손해를 보고 마는 경향이 있다.

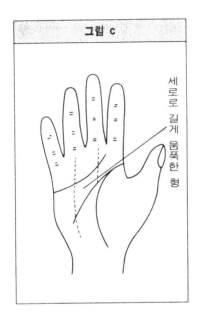

그림 c

세로로 길게 움푹한 형

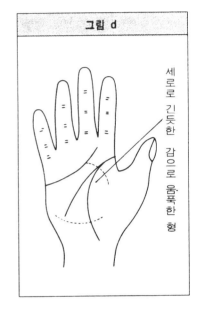

그림 d

세로로 긴듯한 감으로 움푹한 형

◈ 가로로 길게 움푹 들어간 화성평원 (그림 d)

이 형은 주로 금성구쪽으로 치우쳐서 가로로 길게 뻗어 있는 모양인 경우가 많은 것이다.

성격적으로는 조심성이 있으나 그것이 너무 지나치면 정적 (情的)인 면에까지 영향을 주어서 박정한 인간성이 나타날 때 가 있다.

운세적(運勢的)인 흐름으로 말하면 가정적인 문제로 고생하 기 쉽거나 항상 말썽에 휘말려 손해를 보는 경우가 많겠다.

❀ 숙명(宿命)·운명(運命)이 의미(意味)하는 것

숙명이란 것은 사람이 누구나 날 때부터 타고난 운명이다. 이것은 불변이다. 즉 하늘에서 주어진 인지(人知)가 미치지 못하는 것을 말한다.

태어나는 것과 죽는 것이다.

사람은 누구를 막론하고 자기가 어느 시대에 남자로 혹은 여자로, 혹은 부자집에, 혹은 가난한집에, 자기의 의지로 태어난 것이 아니라 또한 영생(永生)을 소원할지라도 자연의 섭리를 거역할 수는 없고, 죽음을 소망할지라도 주어진 수명을 다할 수 밖에 없다. 이것이 숙명인 것이다.

운명이란 것은 인간이 태어나서 죽을 때까지의 개개인에게 닥치는 화복(禍福)과, 길흉의 이력서이며 역사라고 하겠다. 그러기에 명(命)을 싣는다고 쓰는 것이다.

주어진 궤적(軌跡) 즉, 지나온 자취란 무엇인가? 그것은 어떤 것은 상승세(上昇勢)로 어떤 것은 하강세(下降勢)로 고쳐 써 나가는 것은 그 자신의 노력과 생활의 슬기에 의하여 후천적인 방법으로 활용한 결과인 것이다.

손금(紋線)을 보는 법

그러면 이제부터 손금(紋線)을 보기로 하자.

이 손금만큼 형형색색인 것은 없다. 십인십색(十人十色), 천인천색(千人千色)이라고 해도 좋다. 따라서 그 전부의 손금(紋線)을 점친다는 것은 무척 힘에 벅찬 일이지만, 우선 기본적인 선을 익혀서 그것을 활용 응용함에 따라서 점칠 수가 있다.

손은 살아 있다. 선(線)도 살아 있다. 수상 가운데서 변화하는 것은 이 손금(紋線)과 손바닥의 색, 그리고 손톱의 색과 그 상태이다. 변화에 의하여 판단하는 것은 기본을 알고 활용하는 것이 중요하다.

손금(紋線) 가운데서도 생명선, 두뇌선, 감정선의 세가지를 3대선이라 한다. 손금을 볼 때에는 먼저, 이 3대선에 주의를 하여야 한다.

다음으로는 남성인 경우는 운명선에, 그리고 여성인 경우는 태양선에 중점을 두면서 다른 선을 합쳐서 보아 나간다. 앞서 말한 3대선에 운명선과 태양선을 덧붙인 5대선을 중심으로 하여 보는 것이 기본적인 수상(手相)의 요령이다.

그러나 실제 문제로서 보는 경우 이를테면 애정 문제라면 감정선과 금성대(金星帶)를 주로 하여 다른 선(線)이나 장구(掌丘)를 합쳐서 판단한다. 바로 지금 연애중으로 행복한 보라빛 속에서 지내고 있다고 가정한다면 감정선에 윤기가 있거나 아름다운 연분홍색이 나와 있는 것이다. 또 기초적인 금전운(金錢運)이라면 태양선과 태양구 금성구나 수형(手型)을 주로 해서 본 다음에 재운선(財運線)을 본다. 단순한 용돈운이나 소부운(小富運)만 보는 것이라면 재운선만 보기만 해도 되는 것처럼 점치는 내용에 따라서 중점이 달라지게 됨을 알아 두자.

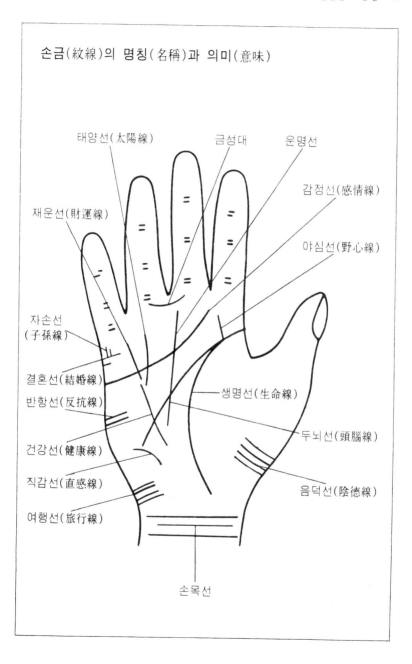

손금(紋線)의 명칭(名稱)과 의미(意味)

태양선(太陽線)
금성대
운명선
감정선(感情線)
재운선(財運線)
야심선(野心線)
자손선
(子孫線)
결혼선(結婚線)
반항선(反抗線)
생명선(生命線)
건강선(健康線)
두뇌선(頭腦線)
직감선(直感線)
음덕선(陰德線)
여행선(旅行線)
손목선

- **생명선** 수명, 건강상태, 생활력, 가정운 등을 나타낸다.
- **두뇌선** 재능이나 지력(知力), 생활능력, 직감력, 유전 등을 나타낸다.
- **감정선** 감정면, 애정, 희로애락, 성격의 명암 등을 나타낸다.
- **운명선** 운명의 전개, 운세의 강약, 사회 생활상의 표면을 나타낸다.
- **태양선** 행복도, 번영도, 성공성, 인내력을 나타낸다. 길수록 좋다.
- **결혼선** 남녀관계, 애정문제 등을 나타낸다.
- **금성대** 강하게 나 있을수록 감수성이 풍부하다.
- **건강선** 건강과 질병의 관계를 나타낸다. 없으면 없을 수록 좋다.
- **재운선** 뚜렷하게 혼란되지 않고 나와 있으면 금전운이 있다.
- **야심선** 선이 많을 수록 야심가이다.
- **반항선** 직선이 두 세가닥 있는 것이 좋다.
- **여행선** 각문(角紋)이 나 있으면 위험에 부딪힌다.
- **손목선** 혼란이 없으면 건강하고 장수할 것이다.
- **직감선** 예민한 감각의 소유주이다.
- **자손선** 많이 나 있을 수록 정력이 좋다.
- **음덕선** 많이 나 있을 수록 미덕이 있다.

생명선(生命線) ① 기점(起點)을 보는 법

◈ 무지(拇指＝엄지손가락)와 인지(人指＝집게손가락)의 중
   간에 기점(起點)이 있다. (그림 ㉮)

기점(起點)이 무지와 인지
의 거의 중간점에 있으면, 성
격은 명랑하고 활동성도 풍부
하여서 꽤 좋은 상(相)이라
하겠다.

이에 덧붙여 선(線)에 잘린
곳이나 난조(亂調)가 없이 깊
숙하게 새겨져 있어서 선의
주변의 색이 깨끗하다면 건강
운도 타고나서 항상 쾌활하게
생활할 수 있는 것이다. 생활
태도도 좋고 장수(長壽)할 것
이다.

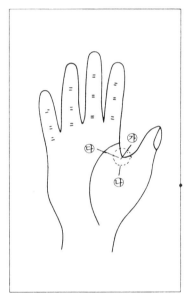

◈ 인지(人指)쪽으로 기점(起點)이 있다. (그림 ㉯)

이 경우는 제1화성구의 범위가 넓어진다. 그렇게 되면 적극성
인내력의 향상이 있을 것이며, 항상 노력을 거듭해서 성공을 걷
을 수가 있을 것이다.

또 생명선이 커다랗게 「curve」를 그은 것처럼 될 것이므로
장생(長生)하는 상(相)이다.

◈ 무지(拇指)쪽으로 기점(起點)이 있다. (그림 ㉰)

제1화성구가 좁아지고 생명선의 「curve」도 당연히 작아진다.
즉 그림의 ㉯의 정반대의 의미가 됨으로 소극적이며, 자제력이

결여된 상(相)이라 하겠다. 솔직성도 없고 겁쟁이라고 하겠다.

또 건강면에도 불안이 많은 상(相)이다.

생명선(生命線) ② 말미(末尾)를 보는 법

◆ **말미(末尾)가 두 갈래로 되어 있다. (그림 ㉮)**

두 갈래가 형성하는 간격이 넓을수록 주거의 이전이나 직업의 변화가 많아질 것이며, 성격적으로는 무엇이든지 싫증을 자주 일으키는 상(相)이다.

또 두 갈래로 되어 있는 곳이 나타내는 나이쯤에 건강을 해치게 될 것이 예상된다. 동시에 과로로 고달퍼질 것이다.

만약 두 갈래진 곳에 흠 따위가 있을 때는 가정이나 주거에 관해서 불안정한 상태에 놓이게 되기 쉬운 상(相)이므로 조심할 일이다.

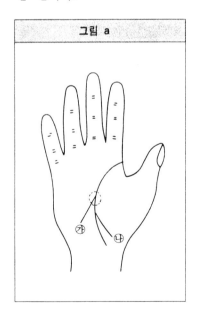

그림 a

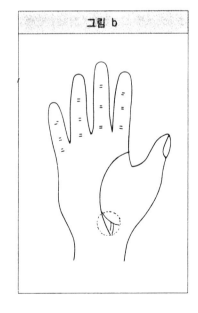

그림 b

그리고 그림 a의 ⑭처럼 안쪽으로 두 갈래진 경우는 초로(初老) 이후부터의 정력왕성을 나타내는 것이 된다.

◈ 지선(枝線)이 사행(蛇行)하고 있다. (그림 b)

두 갈래진 선의 하나로서 본선에서 갈라진 쪽의 선의 선단이 사행(蛇行)하거나 다시 가느다란 지선(枝線)을 이루고 있는 경우는 건강면에 흉운(凶運)을 가져다 줄 것이다.

소화기 계통이 약하거나 피로가 가중되어 빨리 노쇠할 것이다. 더욱이 가정면에서는 가족의 불화 등으로 고독하게 되기 일쑤이다.

한편, 지금까지 지선 사행(枝線蛇行)이 없는 사람일지라도 자기를 과신(過信)하고 병후(病後) 양생(養生)을 게을리하면 이 형상(形相)이 생기게 되는 것이므로 조심할 필요가 있다.

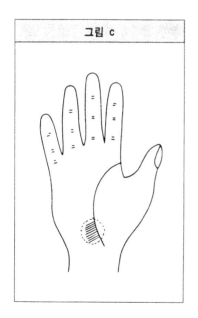

그림 c

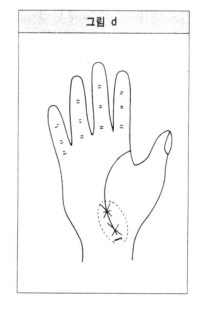

그림 d

◈ 말미(末尾)에 여러 개의 지선(枝線)이 중첩 교착한다. (그림 c)

체력적으로 무리해서는 안될 상(相)이다. 더욱이 섬세한 신경의 소유자인 까닭에 평소 피로감으로 고달프다.

게다가 지선(枝線) 부근이 쥐색으로 되어 있다면 신경쇠약에서 오는 불면증(不眠症)마저 있기 쉽다.

◈ 말미(末尾)가 X문(紋) 성문(星紋) 소횡문(小橫紋)으로 끝나 있다. (그림 d)

이러한 문선은 어느 것이나 흉선(凶線)이다. 불의의 재난을 암시하고 있는 것이므로 부상이나 급환(急患)에 조심하지 않으면 안된다.

생명선(生命線) ③ 흠 등이 있는 경우

◈ 여러 가닥의 가느다란 선이 가로 지르고 있다. (그림 ㉮)

생명선을 가로 지르고 있는 선은 제법 많은 사람에게 보인다. 그 길이나 굴곡의 형상(形相)이 각양각색이겠지만 일반적으로 병약하거나 타인의 간섭으로 정신상 타격을 받기 쉽다고 하겠다. 특히, 직업면에서 방해를 받기 쉽다.

더욱이 생명선에 짧고 굵은 선이 하나 뚜렷하게 나와 있는 사람은 급환(急患)이나 부상이 돌발적으로 일어나기 쉽다고 본다.

◈ 중간 안쪽에 흠이나 점이 있다. (그림 ㉯)

말썽이나 다툼이 많은 상(相)이다. 급환이나 부상, 가정불화, 사회생활에서의 분쟁, 재해 등에 부딪치기 쉬우므로 조심해야 한다.

점은 후천적으로 생기기 쉬우나 결코 좋게는 볼 수 없다.

◈ **안쪽에 평행하고 있는 선이 있다. (그림 ㉯)**

이 선은 별칭 2중생명선 또는 화성선(火星線)이라고도 한다.

이 선은 생명선을 보조하는 역할을 하지만 이 선 자체가 있다고 해서 연중 건강하다는 것은 아니다. 질병에 걸리더라도 저항력이 있다는 뜻을 나타내는 것이다.

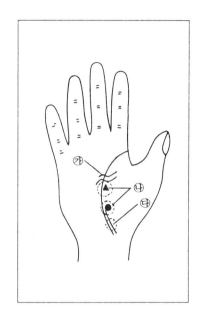

생명선(生命線) ④ 선상(線上)에 섬이 있는 경우

◈ **윗 부분에 섬이 있다. (그림 ㉮)**

기약(氣弱)한 바가 있는 일면 사물에 대하여 빈틈없이 꼼꼼하게 대처하는 성격이다. 그런 까닭에 사람들이 싫어하는 귀찮은 일도 열심히 달라붙어 애를 쓴다.

다만, 젊을 때는 건강하지 못한 면이 있을 것이다.

◈ **중간쯤에 섬이 있다. (그림 ㉯)**

소화기계의 장기(臟器)에 만성의 질환을 갖기 쉽다. 그리고 생명선의 중간쯤보다 윗부분에 걸쳐서 쥐색으로 되어 있을 때는 그 대부분이 어떤 질환의 초기상태에 있다고 봐도 틀림 없을 것이다. 서둘러 절제(節制)를 하면 쾌유될 수 있을 것이다.

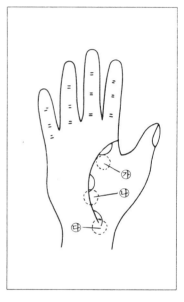

◈ 말미(末尾)에 섬이 있다. (그림 ㉰)

연중 질병으로 고생하거나 구체적으로는 어디가 나쁜지도 모르지만 건강상태가 항상 좋지 않다는 것을 의미한다.

특히, 나이가 많아질수록 이러한 경향은 심해지기 쉽다.

또 건강상태도 한 원인이 있겠지만 신경질적으로 되기 쉬운 면도 있다.

생명선(生命線) ⑤ 도중에서 선이 끊어져 있는 경우

◆ 도중에서 선이 끊어져 있다. (그림 a)

이 선이 끊어져 있는 것은 중환(重患)을 앓는 것을 나타낸다. 더구나 양손의 생명선이 같은 위치에 동일하게 1센티미터 이상의 길이에 걸쳐 끊어져 있는 경우를 말하는 것이다. 다른 문선(紋線)에도 결함이 있다(이를테면 두뇌선이 극단적으로 짧다)면 생명에 연관될만큼의 중환이 예상된다.

이와같이 중환이 걸리는 시기는 끊겨져 있는 곳이 나타내는 나이에 해당하는 때이다.

하지만 생명선은 지선에 따라 감정하는 법이 변화되지만 지선이 끊어진 곳을 이어 주듯이 생겨있다면 비관할 것도 없다. (그림 b)이런 경우의 지선은 가늘어도 무방하다.

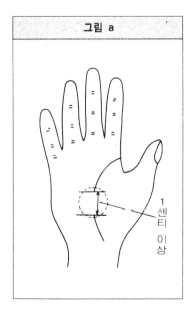

그림 a

1센티 이상

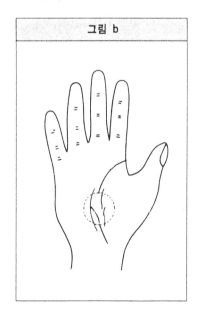

그림 b

98

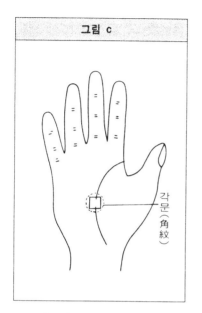
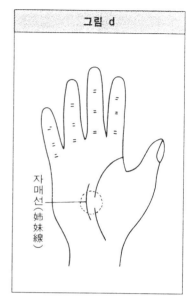

또한 평소부터 절제하고 있다면 예컨데 생명선이 끊어져 있어도 언젠가 모르는 사이에 지선(枝線)이 생겨날 수도 있을 것이다.

◈ 잘린 곳에 각문(角紋)이 있는 경우(그림 c)

잘린 곳의 길이가 1센티미터 이상이나 될지라도 그 사이가 각문, 또는 정자형(井子形)의 손금에 의하여 에워쌓여 있다면 잘린 의미를 다소 바꾸어 준다.

이 문선은 자매선(姉妹線)과 비슷한 작용을 하는 것이다. 즉, 질병이나 그밖의 사고 등으로 인하여 설사 사선(死線)을 헤매이게 될지라도 최종적으로는 생명을 단단히 붙들어 주는 의미를 나타내게 된다.

◈ 잘린 곳에 자매선(姉妹線)이 있다.(그림d)

생명선의 잘려 있는 부분에 마치 그곳을 이어주기라도 할듯

이 평행으로 달리는 선이 있
다며는 생명선이 잘려 있는
의미를 다소 해제해 주게 된
다.

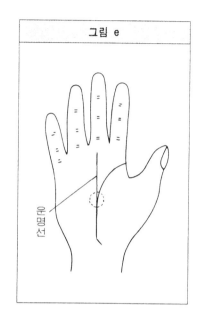

그림 e

운명선

이 보충해 주듯이 나와 있
는 선을 자매선이라고 일컬거
니와 생명선의 바로 옆을 평
행으로 달리고 있다면 비록
그것이 가늘지라도 유효한 것
이다.

자매선은 만약 질병에 걸렸
다고 할지라도 결코 생명에
위험을 미치게 하지 않는 선
이다.

◈ 운명선이 있는 곳에 잘려 있다. (그림 e)

생명선이 현저하게 짧고 그것의 말단이 운명선과 합류하고
있는 경우를 말하는 것이다. 이 경우는 합류하고 있는 시점이
나타내는 나이에 그 사람에게 어떤 변화가 찾아 온다는 것을
의미하고 있다.

그럴지라도 단명(短命)이거나 생명의 경계를 헤매이게 되는
것을 예고하는 것은 아니다.

생명선(生命線) ⑥ 기타의 이상을 보는 법

◆ 선 그 자체가 작은선이 중첩되었거나 작은 쇠고리 모양이다. (그림 a, b)

의지가 약하고 싫증을 내기 쉬운 성격이다. 게다가 체력, 행동력도 부족하기 쉽고, 건강상으로도 소화기계에 약점이 있다.

주의깊게 나날을 보내도록 해야 할 것이다.

◆ 생명선에서 짧은 선이 상승(上昇)하고 있다. (그림 c)

이 짧은 선은 별칭 노력선이라 일컬어지며, 직업, 연구 등 여러가지 일에 대하여 항상 노력을 게을리하지 않고 투지있게 일을 처리해 나가는 것을 나타내는 선이다.

노력선의 수는 사람에 따라서 틀리며, 5~6개나 있는 사람도 있으나, 설사 하나뿐이고 그것이 짧을지라도 역시 노력형임에는

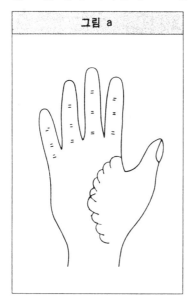

그림 a

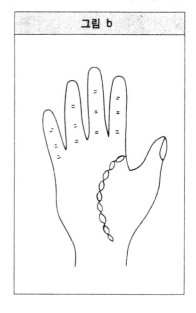

그림 b

그림 c	그림 d
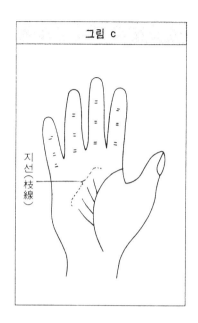	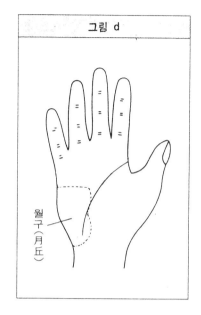

변함이 없다.

노력은 길운(吉運)으로 연결될 것이다.

◆ 생명선이 월구까지 길게 뻗쳐 있다. (그림 b)

건강으로는 아무런 불안도 없을 것이며, 틀림없이 장수(長壽)할 형이라 하겠다.

이는 생명선이 월구까지 뻗쳐 있다는 것이 그 만큼 금성구의 범위를 넓히고 있는 까닭이라 하겠다.

건강상 이외에도 좋은 점이 또 있다. 직업에 대하여 열심이고 상당할 정도로 남에게 지기 싫어하며 공명심도 강하고 금전운도 있다. 다만 때로는 자만심이 고개를 쳐들고 그것이 행실로 나타나기 때문에 주위의 사람들로부터 반감을 사게 되는 결과가 된다.

또 애정면으로 보면 행동적인 육체파가 되기 쉽다고 할 수

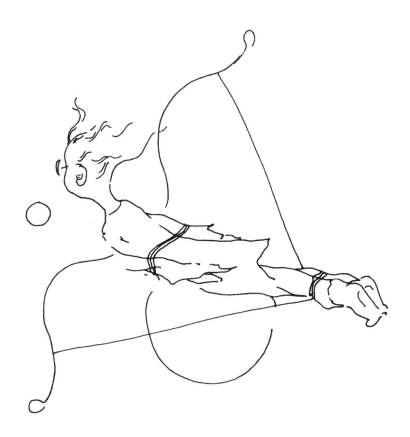

있을 것이다.

또한 이밖에 생명선에 관하여 말할 수 있는 것은 지선(枝線)이 상승선(上昇線)으로 되어 있는 경우는 길운(吉運), 하강선인 경우는 손운(損運)으로 된다고 본다.

그리고 이 지선의 수가 많은 경우는 건강상으로 말하면 자주 변비가 되기 쉬운 의미를 나타낸다.

두뇌선(頭腦線) ① 기점(起點)을 보는 법

◈ 기점(起點)이 생명선과 같다. (그림 a의 ㉮)

외견상 눈에 띄게 화려한 면은 없고 소극성이 돋보이지만 결코 행동력이 없음을 뜻하는 것이 아니다. 사물에 대한 육감도 좋고 어려움에 부딪쳤을 때도 당황하지 않고 착실하게 처리해 나가는 재능을 지니고 있다. 즉 좋은 뜻에서의 신중형이라 하겠다.

이와같은 사람은 일단 행동을 개시했다면 정말 재빠른 데가 있다.

◈ 기점(起點)이 생명선의 도중에 있다. (그림 a의 ㉯)

기점(起點)이 생명선의 말단쪽으로 가까울 수록 어릴적부터 의뢰심이 강한 성격임을 나타내고 있다. 아마도 오랫동안 독립하지 못하고 부형에게 의지하거나 겁쟁이일 것이다.

또 일반적으로는 상식적인 성격의 소유자라고 해도 좋을 것이다.

조심성이 있어서 틀림없다고 생각할 만큼 계획을 세우지 않고서는 행동에 옮기지 않는다. 그러므로 얼핏 생각

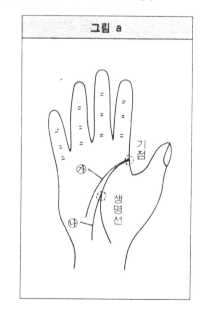

그림 a

난데로 또는 격정(激情)에 휘말려서 범하는 과실은 별로 없다.

다만 그만큼 상식선에서 벗어나지 않으려고 하기 때문에, 대체적으로 소극적이며 기(氣)가 약하다고 할 수 있고 또 따지기를 좋아하는 면도 있을 수 있다.

◆ 기점이 생명선의 안쪽에 있다. (그림 b)

사소한 세부(細部)에까지 조심성이 미치는 형이다. 그러나 그것은 동시에 신경질적인 증거이기도 하다. 즉, 조그마한 일에도 우물쭈물하거나 헛수고를 하기 쉽다.

또 기점(起點)이 생명선의 안쪽으로 깊이 들어가 있을 수록 남에게 미움을 받는다. 그것은 잔소리가 많고 결단력이 결여된 주재에 남의 일에 간섭하기를 좋아하는 까닭이다.

이러한 수상(手相)으로서 손이 부드럽고 몰랑몰랑한 느낌을 주는 것이라면 성미가 급한 것을 나타내는 것이다.

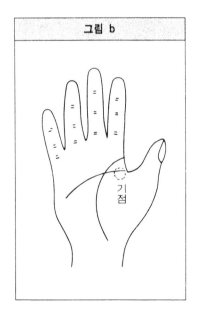

그림 b

기점

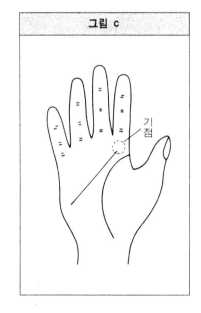

그림 c

기점

◆ 기점이 생명선과 떨어져 있다. (그림 c)

감(感)이 예민하고 머리가 좋고 적극성도 있다. 결단력도 풍부하므로 남의 위에 서는 인물이라고 본다. 여성이라면 남자를 능가하는 강한 성격의 여자이다.

다만 자기 주장이 지나치게 강한 까닭에 목성구(木星丘)가 풍부하고 인지(人指)가 표준보다 길든가 굵으면 독선적으로 흐르기 쉽다.

만약 기점이 지나치게 생명선과 떨어져 있다면 고집이 세서 다툼을 자주 일으키게 될지도 모른다.

두뇌선(頭腦線) ② 장단(長短)으로 보는 법

◆ 긴 두뇌선(頭腦線)

두뇌선의 길이의 표준은 태양구(太陽丘)의 중심에서 아래로 직선을 그어봐서 그 선이 부딪칠 정도의 길이다.

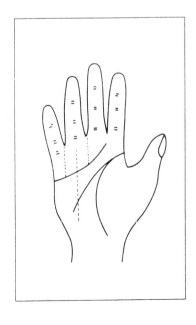

표준보다 두뇌선이 길다면 두뇌의 발달 지적(知的)활동이 남보다 뛰어나다고 볼 수 있다.

다만 월구(月丘)의 하부(下部) 사이이까지 두뇌신이 뻗쳐 있다면 이것은 너무 긴 것이므로 상식에서 벗어나게 되는 언행으로 손해를 보는 면이 있을는지 모른다.

한편 긴 두뇌선은 미각(味覺)이 발달하고 있는 것을 나타낸다.

◆ 짧은 두뇌선

일반적으로 말해서 다소 태평한 성격으로 좀 얼빠진 것 같은 사람이다. 또 오관(五官＝相學으로는 目, 耳, 鼻, 口, 眉, 鍼灸學으로는 目, 耳, 鼻, 口, 舌)에 결함이 생기기 쉽다고 일컬어진다. 특히, 색맹 근시 등 눈의 결함이 많이 나타난다.

또한 두뇌선이 극단적으로 짧으면 긴 경우에 반대로 되어 지능정도가 낮다고 보겠으나 그렇게 단정할 수는 없다. 두뇌선의 굵기나 다른 결함 등을 아울러 상세하게 살핀 다음 판단하지 않으면 안된다. 너무 단순하게 무엇이라고 단정해서는 안된다.

두뇌선(頭腦線) ③ 말미(末尾)를 보는 법

◆ 말미(末尾)가 상승(上昇)하고 있다. (그림 a의 ㉮)

현실적인 성격의 소유주이다. 말미가 제2화성구를 향하여 상승상곡(上曲)하고 있으면 금전에 대한 감각이 예민하고 금전운용에 재능이 있다고 본다. 또 수성구(水星丘)를 향하여 상승상곡하고 있다면 상재(商才)가 있다고 본다.

이와같은 재능이 있는 반면, 지적활동이나 예술, 예능 등의 분야에는 맞지 않는다고 본다.

이 수상의 소유주는 매사를 물질 제1주의로 보는 까닭에 사람들로 부터는 인색하다는 평을 받게 될 것이다. 여성인 경우는 아무래도 행동에 우아함이 결여됨과 동시에 생각나는대로 함부로 발언하여 상대방의 기분을 충분히 고려하지 않는 경향이 있으므로 조심해야 한다.

◈ 말미(末尾)가 손바닥의
중앙을 향해서 뻗쳐있다. (그
림 a의 ㉯)

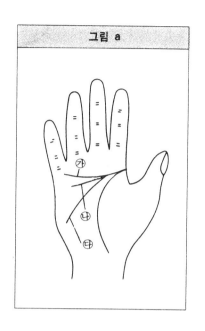

그림 a

말미(末尾)가 상승하고 있
는 것과 같이 현실적인 성격
의 소유주라 하겠다. 또한 꽤
실천력이 있어서 빈틈없이 꼼
꼼하게 일을 처리하기를 좋아
하는 형이다.

그리고 말미가 월구(月丘)
를 향하여 뻗쳐 있다면 예술
이나 예능면의 이해력이 뛰어
나다고 보며 정서면이 메말라
있어서 남의 기분을 이해할 줄 모르는 결함이 있다.

◈ 말미가 하강(下降)하고 있다. (그림 a의 ㉰)

말미(末尾)가 하강(下降)하면서 월구(月丘)에 도달하고 있는
경우는 정신적인 방면을 중시하는 형이며 이상주의 아니면 몽
상(夢想)주의를 신봉한다.

정신적 문제에 대한 이해도는 높고 문필가 등에 많이 보이는
선의 뻗어나감이라고 하겠다.

단 이 경우 하강 경사(下降傾斜)가 클수록 현실적 문제를 잘
처리해 나가지 못하는 것으로 본다. 이를테면 여성이라면 꿈속
의 사랑만 쫓을 것이다.

◈ 기점(起點)이 생명선과 같고 그것과 평형으로 하강된다.
(그림 b의 ㉮)

생명선과 같은 기점이므로
신중파이며 소극적인 성격이
라 하겠다. 또 두뇌선 자체는
길어지므로 지성파이기도 하
다. 그리고 또 한 가지 말미
가 지나치게 하강해 있기 때
문에 공상에 잠기고 꿈을 동
경하는 경향이 있을 것이다.

단 너무 긴 두뇌선은 불필
요한 마음쓰임을 의미하고 신
경질인 면을 나타내는 것이
된다.

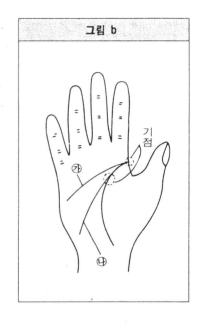

◆ 기점이 생명선의 중간쯤
이고 생명선과 평행으로 하강
한다. (그림 b의 ㉯)

이런 경우에 말미가 꽤 아랫쪽까지 뻗쳐 있다면 지적인 면은
인정되나 마음이 약해서 의뢰심이 강하고 행동력이 결여되어
있다고 본다. 그래서 사회생활면에 있어서는 여러가지로 안 봐
도 될 손해를 보는 경우가 많을 것이다.

◆ 말미에 별이나 섬이 있다. (그림 c의 ㉮㉯)

별(房)이나 섬이든 어느 것이나 신경성의 질병이나 머리 부
분의 부상을 암시하는 것이다.

다만, 이러한 불의의 재난이나 구체적인 질병은 여간해서는
그 옳은 판단이 어렵다. 이러한 손금(紋線)의 상태를 정확하게
보려면 많은 경험이 필요하다.

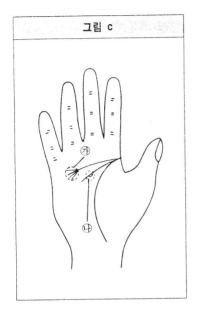

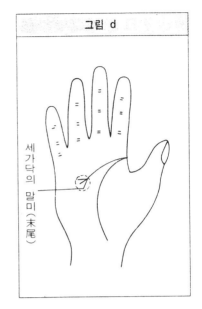

그러므로 조심하는 것이 상책이겠으나 너무 불안해 하는 것
도 좋지 않다. 수상을 보는 사람도 신중히 판단해서 감정해야
한다.

◈ 말미가 세 가닥으로 되어 있다. (그림 d)

세 갈래의 상태나 두뇌선의 곡선형상은 형형색색이겠으나 대
체적인 의미는 같다고 본다.

성격은 섬세하고 사소한 점에까지 두뇌의 회전이 작용한다.
게다가 손이 부드러운 사람이라면 독선적이고 조금 능청스럽고
요령있게 게으름을 피우는 장기(長技)가 있다. 그 위에 다시 수
형이 첨두형(尖頭型)이라면 너무 호사스러움을 좋아하며 변덕
이 있고 실속없이 겉치레를 많이 하는 형이다.

두뇌선(頭腦線) ④ 2중두뇌선을 보는 법

◈ 길게 평행한 2중두뇌선 (그림 a)

두뇌선에 평행하여 그림과 같은 선이 하나 더 생겨있는 경우를 2중두뇌선이라고 한다.

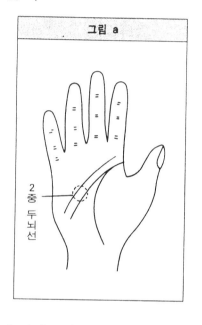

2중두뇌선이 있다면 일반적으로 좋은 운세(運勢)이지만 유달리 긴 2중두뇌선은 두뇌 명석, 예민한 직감력, 세심한 마음쓰임 등을 의미한다.

더욱이 신중성 용기와 결단력 등도 겸비하고 있기 때문에 자기자신에 대한 자신(自信)도 있고 해서 그 행동도 정열적이다. 집단속의 우두머리가 되고 같은 연배중에서는 가장 빨리 두각을 나타낼 것이다.

이와같은 능력을 지니고 있는 사람이므로 풍부한 착상력과 실천력을 살려 한꺼번에 두 가지 일을 하는 것도 가능하다. 물론 금전운도 잡을 수 있다. 화술(話術)도 뛰어나서, 경우바른 일로 많은 인망을 모을 것이다.

이상과 같이 대단히 좋은 운(運)의 선이지만 때로는 2중인격자로 될는지 모르므로 조심해야 한다.

◈ 선단(先端)이 두 가닥으로 되어 있는 2중두뇌선 (그림 b)

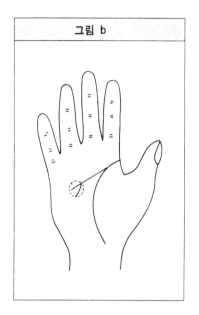

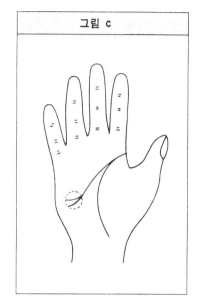

본선(本線)에서 지선(枝線)이 생겨있는 모양의 2중두뇌선이
다. 이 지선은 본선의 위쪽으로 갈라져 있는 경우와 아래로 갈
라져 있는 경우가 있다. 그 의미의 대강은 같다고 생각해도 좋
다.

그 의미는 그림 a의 2중두뇌선만 하지는 않으나 예민한 느낌
을 가지고 있고 착상력도 풍부하고 사교적으로도 잘 해나가는
형이다.

한편 이 2중두뇌선을 가졌고 게다가 두뇌선의 기점이 생명선
과 떨어져 있으면 풍부한 결단력과 용기도 있다고 본다.

◨ 두 가닥으로 되어있는 2중두뇌선으로 한쪽 선단(線端)이
위를 향하고 있다. (그림 c)

이 경우에 있어서 위를 향하고 있는 2중두뇌선을 상재운(商
才運) 또는 상업운(商業運)이라고 한다.

　이 선은 상재운이라는 자구처럼 상재(商才)가 있어서 장사가 능란하므로 사업 거래상에 있어서 성공율이 높다고 본다.

　말할 것도없이 돈벌이에도 직결되므로 금전운은 타고난 상(相)의 하나라고 하겠다.

두뇌선(頭腦線) ⑤ 궤조선(軌條線)을 보는 법

◆ 완전한 궤조선(軌條線)으로 되어 있는 두뇌선 (그림 a)

　손바닥을 가로로 양분하듯이 문선이 가로지르고 있는 경우를 일반적으로 궤조형(軌條型)이라고 한다. 더욱이 두뇌선 하나로 궤조형이 될 수는 거의 없고 대부분은 감정선과 평행을 이루어 궤조형이 되어 있다.

　이 상은 기지(機知)가 있고 기회를 잡는데 능란하지만 도(度)

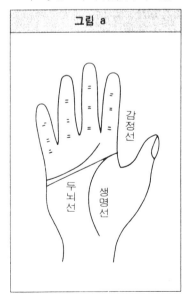

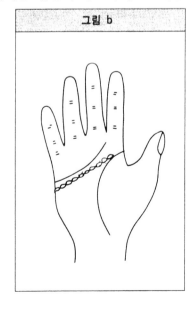

가 지나쳐서 수전노(守錢奴)가 되기도 하거나 인간미가 결여될 수도 있다. 재운(財運)도 있겠지만 때로는 큰 손해를 보는 경우도 있다.

◆ 궤조선이 쇠고리 모양으로 되어 있다. (그림 b)

물욕이 강하고 그래서 재산을 이룩하고 축적하는 재능이 있다. 그런데 건강치 못한 까닭에 그 재능이 십분 발휘하지 못하는 사람도 있다.

일반적으로 건강운에서는 신경질적이며 두통증을 지니는 사람이 되기 쉽고 나날의 마음쓰임에 초조하고 조급스러운 경향이 엿보인다.

두뇌선(頭腦線) ⑥ 도중에서 잘려 있는 경우

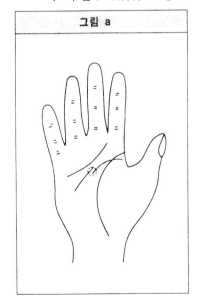

그림 a

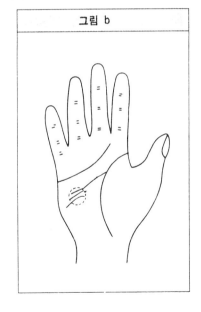

그림 b

◈ 잘린 선이 부분적으로 겹쳐 있다. (그림 a)

두뇌 변조(變調)가 있게 될 것으로 본다. 경미하다면 감(感)이 둔해지고 폭발적인 흥분을 일으키거나 병적인 신경질로 될지도 모른다.

그 밖의 두부(頭部)의 부상이나 고열로 인하여 사고감각에 이상이 일어나게 될 수도 있겠다.

◈ 잘린 곳이 몇겹으로 겹쳐 있다. (그림 b)

정신적으로 약점이 있고 집중력, 지속력이 결여 되어 있다. 직업이나 가정에 혼란을 일으키기 쉬운 상의 하나이다.

다시 이 상(相)에서 두뇌선의 기점이 아래쪽으로 내려갈수록 의뢰심이 강하고 소심(小心)과 결단력 부족에서 날마다 불평과 혼미속에서 자기를 얽어매기 쉽다.

될수록 일상생활에 있어서 명랑을 되찾을 노력을 거듭하기 바란다.

◈ 단속적으로 잘려 있다. (그림 c)

그림 c처럼 선이 가늘게 잘려 있는 경우는 두뇌, 두부(頭部)에 이상이 일어나기 쉬운 것을 나타낸다.

평소 두통으로 괴로움을 느끼거나 신경질적이다. 또 정신적으로는 소심하고 도가 지나칠만큼 소극적인 성격이며 항상 결단을 내리지 못하고 꾸물꾸물 주저하기만 한다.

그림 c

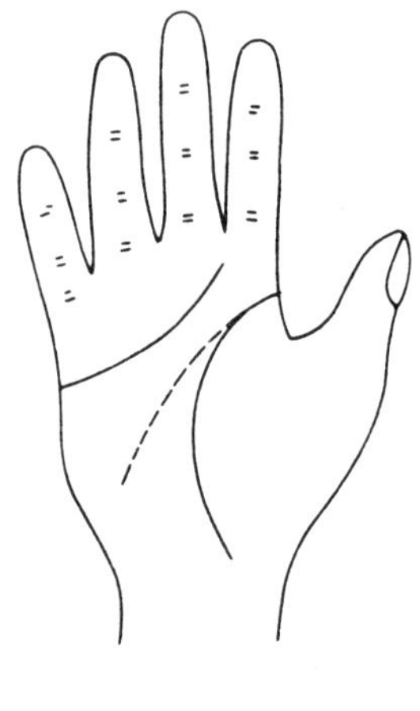

감정선(感情線) ① 기점(起點)을 보는 법

◆ **표준보다 위에 기점이 있다. (그림 ㉮)**

감정선의 기점(起點)의 표준은 손목선 가운데 가장 위의 선에서 새끼손가락의 밑둥까지의 사이를 4등분하여 위에서 4분의 1에 해당하는 곳이다.

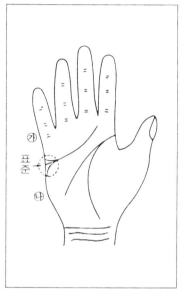

이 표준보다 기점이 위에 있다는 것은 수성구가 협소한 결과가 된다. 그런 까닭에 이 경우는 물욕, 금전욕에 사로잡혀 있다고 보는 것인데 그것은 동시에 마음이 좁다는 것이 된다. 불과 몇푼 되지 않은 돈에 대해서도 야단스럽고 돈과 재물을 제일로 삼는 사람이라 하겠다.

게다가 손을 오무려서 내어 미는 사람이라면 인색한 성격은 더욱 심할 것이며 본격적인 수전노가 되기 십상이다.

◆ **표준보다 아래에 기점이 있다. (그림 ㉯)**

수성구(水星丘)는 넓어지겠으나 제2화성구가 반대로 좁아진다. 그런 까닭으로 인내심이 결여되고 반항심만 강한 소인이 되기 쉽다. 더욱이 노력하지도 아니하고 분수에 맞지 않게 세상을 살아가려고 한다.

다만 이 기점을 보는 법은 장구(掌丘)를 중심으로 하여 보게 되지만 장구는 넓이뿐만이 아니라 풍요로움도 판단의 재료를 삼아야 한다. 장구를 보는 법을 참고로 할 일이다.

감정선(感情線) ② 장단(長短)을 보는 법

◆ 표준보다 유달리 길다. (그림 ㉮)

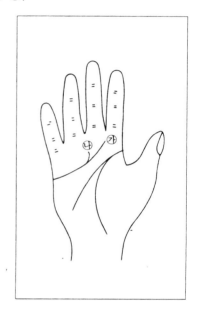

감정선의 길이의 표준은 중지 (中指)의 밑둥의 중심에서 아래로 그어 보아서 그 선에 부딪치는 정도의 길이다.

표준이상의 길이는 애정과다 (愛情過多)의 성격을 나타낸다. 유달리 너무 지나치게 긴 선은 독점욕, 시기심 등이 있어서 정에 빠지게 될 의미를 지닌다. 요컨데 다정 다감하다는 것이다.

그러나 표준보다 조금 긴 정도라면 자상하고 마음 속으로부터 우러나오는 두터운 애정을 의미한다.

본질적으로는 표준보다 길다는 것은 나쁜 것이 아니다.

◆ 표준보다 유달리 짧다. (그림 ㉯)

애정에 대한 태도가 보통보다 담백하다고 본다.

이렇게 말하면 무언가 시원스러운 성격을 연상하겠지만 분명히 말해서 타인에 대하여 냉담하다. 굳이 이성간의 사랑뿐만 아니라 타인에 대한 동정심 성의를 인정하는 마음이 결여된다. 이기적으로 되기 쉽다.

한편 건강면으로는 심장계통의 질환에 걸리기 쉬우므로 조심해야 한다.

감정선(感情線) ③ 말미(末尾)를 보는 법

◆ 인지(人指)와 중지(中指)의 중간으로 들어간 것 (그림 a)

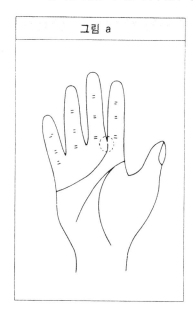

그림 a

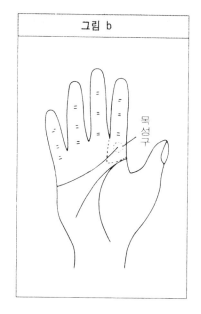

그림 b

목성구

표준보다 조금 긴 감정선이다. 그러므로 애정이 풍부하고 이성(異性)을 포함하여 타인에 대하여 성심을 다한다.

또 이 선에 흠, 점 등의 결점이 없고 미려(美麗)한 「curve」를 그리고 있으면 심장계통은 튼튼하다.

다만, 다소 조숙한 기미가 있는 것이 마음에 걸리는 수상이다.

◆ 목성구의 중앙까지 뻗치고 있다. (그림 b)

표준보다 상당히 긴 감정선이므로 애정과다(愛情過多)의 상이다. 자칫 정에 흐르기 쉽고 애정 문제로 고민이 많을 것이다.

그러나 기초적으로는 순수한 애정의 소유주이므로 상대의 사정에 따라 멋진 사랑의 열매를 맺을 것이다. 그것을 판단하기 위하여는 두뇌선을 차분히 끝까지 확인할 필요가 있겠다.

◆ 인지(人指)의 밑둥까지 뻗쳐 있다. (그림 c)

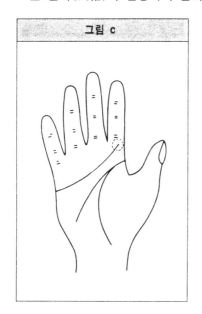
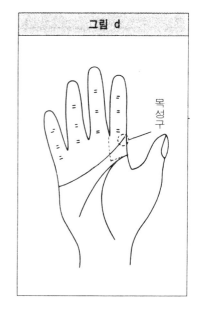

상당히 긴 감정선이다. 한번 반해버리면 끝까지 물고 늘어지는 형일 것이다.

그런데 그 성격탓으로 반해버린 상대를 의심할 줄 모르며 무의식 중에 다툼의 와중(渦中)에 휘말려 버리기 쉽다. 애정이 너무 깊은 탓이라고 하겠다. 그러나 만약 반한 상대로부터 배신을 당하거나 하면 오랫동안 재기(再起)하지 못할 만큼 충격을 받는다.

◆ 목성구를 가로지르고 있다. (그림 d)

너무 지나치도록 긴 감정선이다. 질투심이 강하고 항상 사랑하는 사람을 독점하고 있지 않으면 안달이 날 형일 것이다.

그런데 질투심이 더 강해지면 상대를 그릇되게 추측(推測)하는 결과가 사랑이 미움으로 바뀌어서 소동을 일으키거나 아름다운 사

랑의 열매를 맺지 못할는지 모른다. 이를테면 실연이나 이혼을 맛보
게 될 것을 예상할 수 있다.

◈ 목성구와 토성구의 중간에서 끝나 있다. (그림 e)

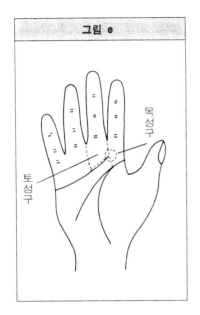
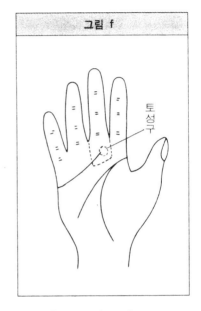

약간 긴 편인 감정선이지만 선이 그린 「curve」의 모양으로 조금
씩 「nuance」가 달라진다. 선에 「curve」가 적으면 애정을 자기 억제
하는 형으로서 이성(異性)과의 교제에 소극적이다. 애정표현도 서툴
것이다.

만약 완만한 「curve」를 그리고 있다면 마음으로는 사랑의 불꽃을
태우고 있을지라도 적시호기(適時好機)에 마음 속의 사랑을 고백하
지 못하여 손해(損害)를 보기도 한다.

◈ 토성구의 중앙에서 끝나 있다. (그림 f)
감정선의 길이가 표준이다. 지선(枝線)이 한가닥도 없는 경우는
자기중심적으로 애정을 생각하는 형이다.

　이를테면 타인에 대하여 맹목적인 사랑을 지녔다고 할지라도 곧 잘 식기 쉽다. 더욱이 자기에게 있어서 이득이 되는 것이라고 생각한다면 지금까지 정신없이 사랑을 쏟고 있던 상대도 미련없이 버리고 만다. 요컨데 현실파이다.

◆ 약지(藥指)의 밑둥에서 말미(末尾)가 끝나 있다. (그림 g)

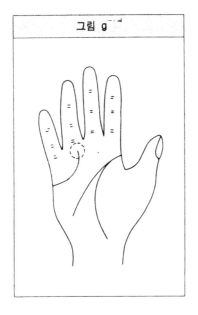
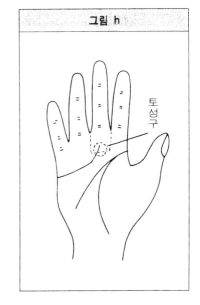

그림 g

그림 h

토성구

　매우 짧은 감정선이라 할 수 있으므로 원래가 정애(情愛)를 별로 느끼지 않는 사람이며, 이기적인 형이다.

　타인의 감정보다 자기를 우선시키기 때문에 이를테면 이성(異性)과 교제할 때에는 정신적인 교제보다도 즉, 성적인 것을 구하게 될 것이다. 그리고 상대에 대해서는 사소한 불만일지라도 느끼기 시작하면 당장에 냉담해지고 만다. 아무래도 영원한 사랑과는 인연이 먼 사람이라 하겠다.

◆ 토성구의 아래에서 급상승하고 있다. (그림 h)

감정선의 표준의 길이에 덧붙여 상승분의 길이가 있으므로 다소 긴 감정선이 되고 만다. 그러기 때문에 사랑에의 정감이 깊다.

그러나 급상승해서 침입한 토성구는 경계심도 보는 장구(掌丘)이므로 경계심의 주의력이 산만하고 그것이 원인이 되어 애정문제로 말썽을 일으킬 수 있는 수상이라 하겠다. 이 점에 세심한 주의를 해주기 바란다.

◆ 토성구의 아래에서 급강하(急降下)하고 있다. (그림 i)

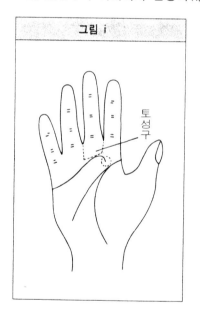
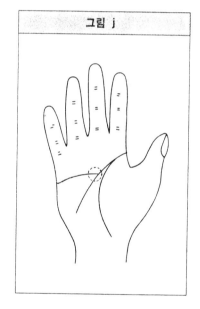

토성구로 급상승해 가는 경우와 감정선의 길이는 비슷하겠지만 애징민은 너욱 나쁜 것으로 본다.

도리어 어긋나는 사랑을 하거나 삼각관계가 되기도 하고 자기의 사랑을 무리하게 관철하기 위하여 개인에게 상처를 입히게 될 것같다.

122

이렇게 되면 결과적으로 자기자신의 평판도 나쁘게 될 것임을 알아야 하겠다.

◈ 말미가 두뇌선을 잠식(蠶食)하고 있다. (그림 j)

궤조선(軌條線)이기도 하므로 현실파임에는 틀림이 없다. 이 수상(手相)의 경우는 이성적(異性的)으로 사물에 대처하여 사랑에 빠져버리는 따위의 극단성은 피할 것이다. 사랑보다도 오히려 직업이나 연구에 정력을 기울여 삶의 보람을 느끼는 형이다.

냉담하기 보다도 사랑을 표현하거나 유지해 나가는 솜씨가 서툴다고 본다.

감정선(感情線) ④ 지선(枝線)이 있는 경우

◈ 말미가 두 가닥으로 본선이 목성구 중앙에 지선이 인지와 중지의 중간으로 뻗쳐 있다. (그림 a)

감정선의 지선은 이성으로부터의 인상이나 영향을 의미하는 것이다. 또 일반적으로 지선이 많을수록 감정의 동요가 심하다고 본다.

그림 a의 경우 감정선의 길이는 표준보다 긴 까닭에 풍부하고 따뜻한 애정, 솔직한 마음을 지니고 있음을 알 수 있다. 연애운 가정운에서도

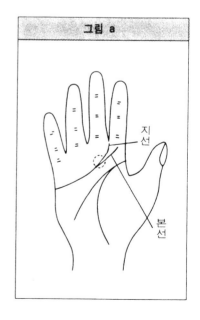

그림 a

길상(吉相)으로 친다.

◆ 두 가닥인데 지선이 하강(下降)하고 있다. (그림 b)

실연(失戀)의 수상이다. 성격으로는 다소 뜨겁게 되기 쉽고 식기도 쉬운 편으로 본다.

또 감정선 자체가 길다면 격정형(激情型)이고 질투심에 의해서 짧으면 이기형(利己型)이어서 냉담함에 의해서 각각 파극을 자초하는 것이라고 본다.

◆ 하강(下降)지선이 여러 개 나와 있다. (그림 c)

감정선 자체는 긴 까닭에 풍부한 애정의 소유주라 하겠다.

단 틀림없이 사랑을 하겠지만 그 결말은 반드시 유종의 미로 결실한다고는 할 수 없다. 하강(下降)하는 지선은 길고 굵을수록 사랑이 이루어지지 않음을 의미한다.

또 지선의 수가 많을수록 다정한 마음을 나타내는 것이다.

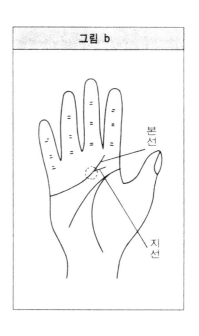

그림 b

본선

지선

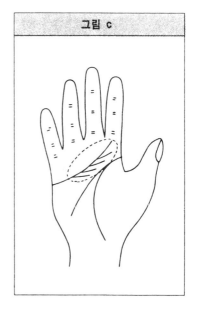

그림 c

◈ 감정선이 짧고 작은 하강(下降)지선이 많이 나와 있다. (그림 d)

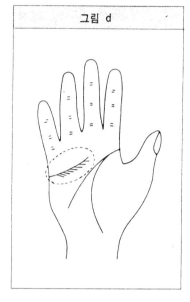

그림 d

짧은 감정선은 박정함을 나타내고 하강하는 작은 지선이 많이 나와 있다는 것은 실연을 많이 하게 된다고 본다.

즉, 이 상(相)은 마음 내키는 데로 많은 사랑을 겪는다. 박정함으로 한 사랑에 빠지는 일도 없고 변덕스럽게 상대를 바꿀 것이므로 어느 사랑도 결실하지 않을 것이다.

◈ 말미가 세 가닥으로 되어 있다. (그림 e)

이와같은 경우, 아래에서 뻗어오는 지선은 상승하는 것이 특징이다. 섬세한 마음의 소유주이며 성격도 밝은 까닭에 많은 사람으로부터 사랑을 받는 형이다. 교제수완이 뛰어난 면도 있다. 다만 자칫하면 팔방미인격으로 되기 쉬운 것이 결점이다.

애정면에서는 조금 안정되지 못한 점이 있고 독선적이긴 하지만 상사 상애(相思相愛)의 상대를 찾아내고야 말 수상이라 하겠다.

◈ 기다란 감정선의 상하에서 상향성(上向性)인 짧은 지선이 나와 있다. (그림 f)

나와 있는 지선이 모두 상승하고 있는 경우는 길운(吉運)이라고 일컬어진다. 한 가닥이라도 하강선이 있다면 판단의 차이가 생긴다.

또 상하에 각각 상승하는 지선이 있다는 것은 동정심이 있고

그림 e	그림 f
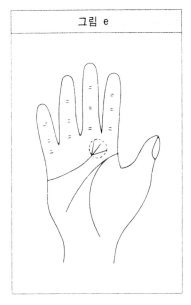	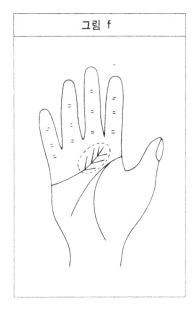

깊은 애정을 간직하고 있음을 나타낸다. 이것은 이성뿐만 아니라 모든 사람에게 대하여 사랑을 쏟을 것이다.

감정선(感情線) ⑤ 도중에서 잘려 있는 경우

◆ 토성구의 아래에서 잘려 있는 경우 (그림 a)

감정선의 길우로 말하면 긴 편이므로 정열가일 것이다. 그러나 토성구의 아래에서 잘려 있음은 정에 약하고 갈피를 잡지 못하고 우왕좌왕할 것을 나타내는 것이다.

사랑을 했을 경우 어떤 문제가 대두되어 실연(失戀)하는 서글픔을 맛보게 될지도 모른다.

◆ 태양구의 아래에서 잘려 있다. (그림 b)

감정선 자체의 길이에 따라서 애정에 관한 차이가 있게 된다.

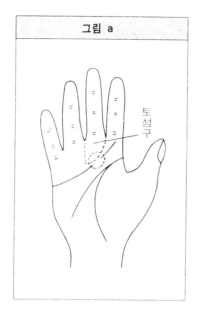

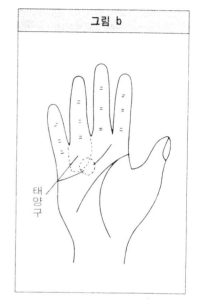

어느 것이든 독선적인 탓으로 파국을 자초하게 될 것 같다.

이를테면 결혼을 할지라도 독선적인 원인에서 이혼을 하게 될 것이 예상된다. 게다가 원추형 흰색이고 부드러운 손의 소유자라면 독선성이 더욱 심해져 제마음 내키는대로 행동하게 됨으로 더욱 더 사랑의 열매를 맺지 못하게 될 것으로 본다.

◆ 수성구의 아래에서 잘려 있다. (그림 c)

사랑의 파탄을 나타내는 선이다. 그 원인은 이기주의거나 물욕이 지나치게 강한 것을 나타내게 된다.

게다가 장구(掌丘) 가운데서도 금성구만이 유달리 팽만(膨滿)하여 있고 손을 오무려서 내고 무지(拇指)를 항상 굽혀서 내어밀고 무지의 끝마디가 단단하게 부풀어 있는 등의 조건이 겹친다면 금전에 대한 집착이 강하여 더욱 더 사랑을 순수하게 열매 맺는 결과에서 멀어진다고 본다.

◆ 토막 토막으로 잘려 있다. (그림 d)

희로 애락(喜怒哀樂)의 변화가 심하고 금방 웃고 있는줄 알았더니 벌써 눈물짓는 변덕쟁이며, 남에게 대하여는 성미가 옹졸하여 성을 자주 내는 형이다.

애정에 관해서는 때로는 다정 다감하다가도 때로는 박정해지기 때문에 상대방의 호감을 사기 어려우므로 사랑이 잘 되어 나갈 수 없을 것이다.

다만, 의외로 사소한 데까지 주의가 미치기도 하는 세심한 데가 있으나 그것도 자기 마음이 내킬때 뿐이어서 타인으로부터 두터운 신뢰를 얻기는 어렵다고 보겠다.

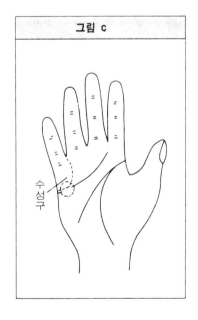

그림 c

수성구

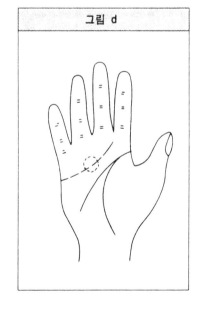

그림 d

운명선(運命線) ① 기점(起點)을 보는 법

◆ 손목의 선 가까이에 기점이 있다. (그림 a)

기점이 손목의 선에 가깝고 손바닥을 세로로 양분하듯이 나와 있다면 어릴 때부터 따뜻한 가정 천혜(天惠)의 환경에서 자란 것을 뜻한다.

그 위에 운명선이 곧게 뻗쳐 있으면 앞으로의 운세(運勢)는 파란도 없고 행복하다고 하겠다.

그런데 이 행복의 선은 자기의 노력에 의해서만 이루어진 것이 아니라 부모로부터 물려 받은 것이 크다고 보겠다. 그래서 장래를 위하여 스스로 미지의 세계에 뛰어들어 개척해 나가기 보다는 확실하게 현재의 기반을 보다 튼튼하게 굳혀 나가는 쪽이 행복을 잡기가 용이하다.

모험을 하기 보다는 견실성을 택하는 쪽에 성심을 다할 일이다.

◆ 생명선상에 기점이 있다. (그림 b)

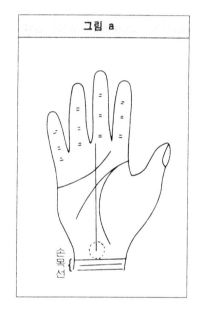

그림 a

손목선

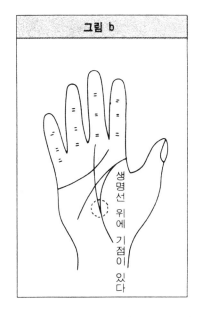

그림 b

생명선 위에 기점이 있다

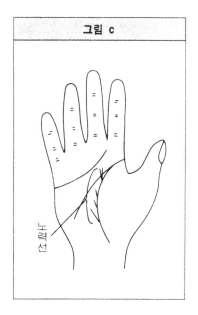

그림 c

노력선

　자기의 피와 땀과 눈물로서 운을 개척해 나간다고 본다. 즉 노력하지 않으면 행운을 잡을 수 없다는 것이다.

　물론 여러 가지의 난관에 부딪치겠지만 이 수상은 노력만 꾸준히 계속해 나가면 승리를 거둘 수 있다. 아무리 노력을 해도 행운을 잡지 못하는 운세도 있는데 비하면 틀림없이 길(吉)한 운명선이라 하겠다.

◈ 생명선상의 지선이 운명선으로 되어 있다. (그림 c)

　생명선상에서도 언급한 바와 같이 이 지선은 노력선이라고도 한다.

　노력선은 뻗쳐 니기는 방향에 따라서 운명선으로 또는 대양선으로 때로는 재운선(財運線)으로 되기도 한다.

　운명선으로 뻗쳐 나간 경우에도 생명선에 기점을 두고 있는 것이므로 그림 b의 경우와 비슷하게 노력에 의하여 개운(開運)

할 수 있다고 본다.

◈ 월구(月丘)에 기점이 있다. (그림 d)

자기 자신의 재능이나 노력
이 없어서는 안되지만 그것이
있으면 인기나 원조에 의하여
행운을 잡을 수 있다는 수상
이다.

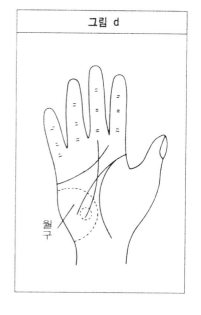

그림 d

월구

이를테면 자기의 감정이나
희망 등을 시문(試文)에 의탁
하거나 번쩍이는 생각을 과학
계통으로 살려나가면 인기를
넓혀 나갈 수 있을 것이며 재
정적인 원조도 받을 수 있을
것이다.

직업으로는 탤런트, 소설가,
시인, 작곡가, 화가, 각종 디

자이너, 발명가, 기술자 등과 결부되는 선이며 예능 · 예술방면
을 뜻하는 자에게 꼭 있기를 바라는 성공의 표시선이다.

따라서 이 선의 유무는 이들 직업으로서 성공하는데 꼭 필요
하다는 것이다.(이 밖에도 약지 새끼손가락, 월구, 태양구, 수형
(手型)도 본다.)

아무리 재능이 있어서 노력해도 성공운이 없으면 수포로 돌
아가는 수없이 많은 사람에 비하면 얼마나 소망스러운 선이겠
는가?

◈ 장중(掌中)의 중앙 부근에 기점이 있다. (그림 e)

그림 e	그림 f
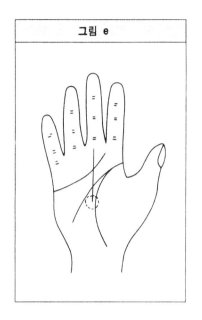	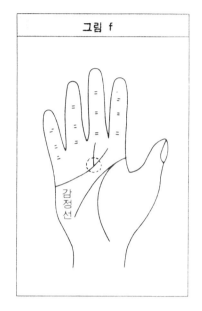

직장에 들어가 얼마 동안은 몇번이고 실패를 거듭하거나 머리를 짓눌리는 등 고생을 하게 될 것이다. 그러나 자기의 방침 기반을 작게나마 찾아내면 그것을 끝대 지켜나가서 성장은 비록 더딜지라도 끈기있게 키워나가기 바란다. 35세 이후부터는 반드시 상승운을 타게 될 것이다.

이 경우의 상승정도는 두뇌선의 상태에 의거하게 될 것이므로 그것도 살펴 보아야 한다.

◈ 감정선의 위에 기점이 있다. (그림 f)

중년 전반까지는 운세에 파란이 있고 노력을 해도 열매를 맺지 못하여 쓴잔을 마시게 되는 시기가 계속될 것이다. 그러나 만년은 안태할 것이다.

또한 생각지도 않은 착상으로 기회를 잡고, 성공의 토대를 구축할 수도 있다.

그리고 감정선과 두뇌선의 길이가 비슷하고 다같이 완만한 「curve」를 그리고 있으면 원만한 인격과 상사의 인도로 행복한 인생을 보내게 될 것이다.

◈ 두뇌선의 위에 기점이 있다. (그림 g)

운명선이 똑바로 상승하고 있고 더욱이 그 기점으로 되어있는 두뇌선이 길거나 혹은 뚜렷하게 새겨져 있고 홈 따위의 결점을 지니지 않았다면 길운(吉運)이라고 본다. 자기의 재능을 직업면에서 살릴 것이다.

또 중년 이후에는 재능이나 아이디어가 인정되어서 기회를 잡을 수 있을 것같다.

만약 두뇌선 자체나 그 지선이 상승 「curve」를 그리고 있으면 금전운도 붙어 다닐 것이다.

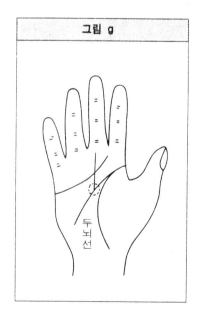

그림 g

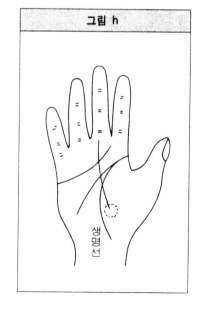

그림 h

◈ 생명선의 안쪽에 기점이 있다. (그림 h)

금성구에서 출발하여 생명선을 종단(縱斷)해서 상승하는 운명선도 길운의 하나이다.

자기의 눈에 띄지 않는 노력이 친척의 원조로 꽃피울 수 있을 상이다.

그러나 금성구 안의 운명선의 부분이 힘찬 선이고 게다가 난조(亂調)를 띄고 있으면 감정은 달라진다. 그런 경우는 오히려 친척으로부터 타격을 받게 될 것이다.

운명선(運命線) ② 말미(末尾)를 보는 법

◈ 도중에서 멈추어 있다. (그림 a)

유년기, 청년기는 무엇이나 순조롭게 진척될 것이다. 그런데 중년기에 들어설 즈음이 되면 언제인지도 모르게 행운의 여신이 등을 돌려버린 느낌을 받을 것이며 실제로 매사가 순조롭게 진척되지 않게 된다.

이 중년기에 만약 무지가 가늘고 짧으며 끝마디 무복(拇服)의 부분에 야무지고 힘차지 않고 부드러움을 느끼게 하는 것이라면 그것은 더욱 더 순조롭지 못한 물결에 부

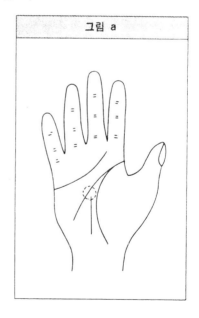

그림 a

딪치게 될 것임을 나타내는 것이다.

그 반대가 각 장구(掌丘)에 힘차고 야무진 맛이 있고 단단한 손을 하고 있고 두뇌선도 길고 뚜렷하게 새겨져 있는 경우이다. 이 경우는 멈춰있는 운명선의 선단(先端)이 더욱 뻗쳐 나가는 기운이나 상승 지선이 생기게 되고 중년 이후의 정체(停滯)를 그것이 밀어 붙여 줄 것이다.

◈ 두뇌선에서 멈추어 있다. (그림 b)

여러가지 점에서 착각하거나 예상이 빗나가기 쉽다.

더욱이 두뇌선이 똑바른 선이라면 외골수로 깊이 생각하는 형인데다가 요령이 나쁜 까닭에 더욱 더 착각, 빗나가는 엉뚱한 생각이 심해지게 된다.

이상의 성격은 따지기를 좋아해서 주위의 사람들과 충돌하기 쉽고 불쾌감을 주게 될 것이며 그것이 운세의 정체(停滯)를 초

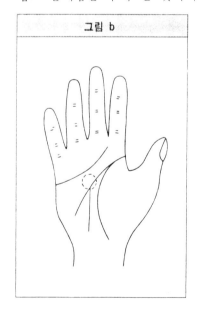

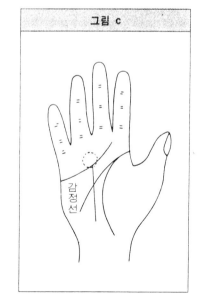

래하게 될 것이다.

◈ 감정선에서 멈추어 있다. (그림 c)

감정이 향하는 데로 야기하는 행위에 의하여 운세의 발전을 정지당할는지 모른다.

또 감정선이 정에 빠지기 쉬운 것을 나타내고 있다면 애정문제가 운세를 멈추어 버리게 할는지도 모른다.

만약 감정선, 결혼선이 다 함께 좋지 않은 선이라면 마음이 내키지 않는 결혼, 변변치 못한 사람과 결혼을 해서 그것이 운의 상승을 정체(停滯)시키고 만다.

운명선(運命線) ③ 도중에서 잘려 있는 경우

◈ 도중에서 크게 잘려 있다. (그림 a)

운명선의 도중이 잘려 있으면 그 잘린 구간은 순조롭지 못한 운세의 기간으로 본다.

그림 a처럼 크게 잘려 있는 경우는 그만큼 순조롭지 못한 기간이 길다고 보는 까닭이다. 더욱이 잘린 선단의 선이 매우 약하거나 사행(蛇行)하고 있는 것같으면 청춘시대까지는 순조롭고 숭년 이후는 별로 햇빛을 보지 못하게 될 것이다.

또 운명선이 잘린 곳은 운

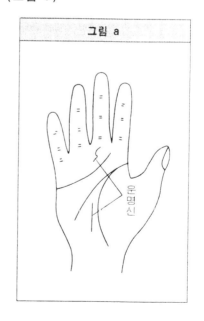

그림 a

운명선

명의 전환기이며 직업에는 말썽이 생기기 쉽고 기혼자라면 부부싸움이 끊이지 않는다고 본다. 게다가 성격에도 영향을 주어서 그 때까지 활발한 사람일지라도 무기력하게 되고 만다.

결국 모든 면에 걸쳐 운세의 저조가 반영되어 하는 일마다 빗나가게 되어서 그것이 성격까지 바꿔버리게 되는 것이다.

◈ 중첩된 모양으로 잘려 있다. (그림 b)

그렇게 장기간은 아니겠지만 역시 한 때, 쇠운(衰運) 상태에 부딪히게 된다.

무엇을 해도 잘 되지않고 어긋남과 빗나감이 생겨서 조급해지면 조급해질수록 수렁에 빠져버리고 마는 한때이다.

다만 잘린 선단의 운명선이 힘찬 경우에는 두뇌선이 좋은 것을 조건으로 하여 부활하든가 다른 분야에서의 활약이 기대된다.

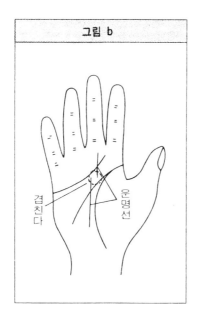

그림 b

겹친다   운명선

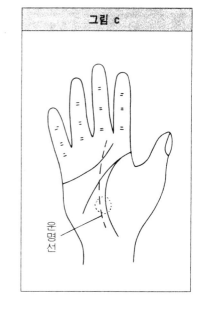

그림 c

운명선

◆ 토막 토막 잘려 있다. (그림 c)

아무리 운명선이 길더라도 흉운(凶運)이다.

성격면에서는 무엇이나 싫증을 자주 일으키는 데다가 노력해서 고난을 극복 타개하려는 기개가 전혀 없다.

게다가 손이 부드러우면 게으를 것이고 고리쇠의 생명선을 하고 있으면 연중 병상의 신세를 면치 못함을 의미한다. 이러한 의미는 더욱 더 흉운(凶運)을 굳히는 것이 될 것으로 본다.

운명선(運命線) ④ 지선(枝線)이 있는 경우

◆ 월구에서 상승한 선이 운명선에 붙어 있다. (그림 a)

이 경우는 출발점은 운명선이 아니고 월구이지만, 그것이 운명선에 붙어서 두 가닥의 모양을 이루고 있는 것이다.

이 선은 별칭(別稱) 해운선이라 하며 대단한 행운을 부른다. 더욱이 운명선 자체도 좋은 선이라면 두 개의 행운이 겹치는 결과가 된다. 인기를 모으거나 원조를 받거나 해서 정말로 천혜(天惠)의 인생을 보내게 될 것이다. 또 호화로운 저택에서 살게된다는 의미도 있다.

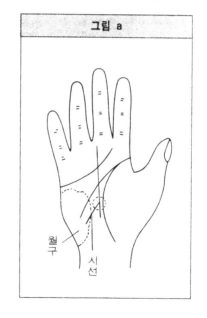

그림 a

월구

시선

138

만약 여성이라면 재산가이고 손이 커서 금품을 호기(豪氣)있
게 쓸 뿐만 아니라 마음씨도 어질다는 세가지 조건을 고루 갖
춘 남자와 짝을 이루게 될 것이고 때로는 좋은 후원자도 나타
나게 될 것이다.

단 닮은 듯한 선으로 출발점이 운명선이라면 의미는 반대로
될 것이다. 좋은 운명선일지라도 발목이 잡히는 손해선이다. 약
혼자의 배신 등도 있을 것이다.

◈ 도중에서 크게 나뉘어 있다. (그림 b)

도중에서 운명선이 두 가닥으로 나뉘어져서 어느 쪽이 본선
인지 뚜렷하게 구별될 수가 없는 경우이다.

또 그 상태에 가까운 경우를 포함해도 좋을 것이다. 이것은
2중운명선의 일종이다. 여성인 경우 신변에 변화가 일어나고 때
로는 남편과의 이별 등도 겪게 될 것이다.

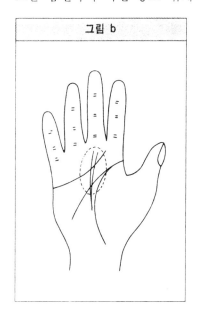
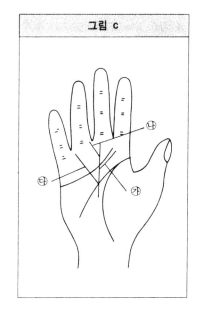

남성인 경우는 전직(轉職) 사업의 실패나 변동 등을 의미한
다. 다시 분기점이 아래쪽이면 주거를 먼 곳으로 옮기지 않으면
안되는 것이라고 본다.

◆ 장구(掌丘)를 향해서 지선(枝線)이 상승하고 있다. (그림
c)

어느 쪽의 지선도 지선의 분기점에서 개운(開運)하게 될 기
회를 잡게 될 것을 나타낸다.

지선이 목성구를 향하고 있는(그림 c의 ㉮) 경우는 향상심이
풍부함을 의미하고 있으므로 야망을 불태워서 적극적으로 면려
(勉勵)하면 영광을 잡을 수 있을 것이다.

지선이 태양구를 향하고 있는(그림 c의 ㉯) 경우는 물질운이
강하고 실업, 예술, 예능의 세계에서도 성공한다는 행운행(幸運
行) 차표라고 본다.

지선이 수성구를 향하고 있는(그림 c의 ㉰) 경우 상재(商才)
과학적 재능이 풍부하고 그것을 활용함으로써 재산운을 잡을
수 있다.

태양선(太陽線) ① 기점(起點)을 보는 법

◆ 손바닥의 중앙에서 상승하고 있다. (그림 a)

사회생활을 시작해서 얼마 안 될때는 불평 불만을 가지고 불
안한 나날을 보내게 됨과 동시에 좋은 인간관계를 얻게 되기는
드물지도 모른다.

그러나 빠르면 30대 후반에서 개운(開運)하여 인망도 얻게
되고 인생이 즐거워진다.

◆ 월구(月丘)에 기점이 있다. (그림 d)

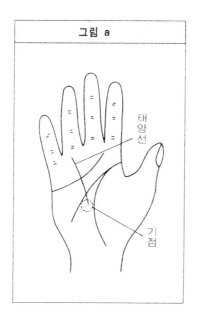

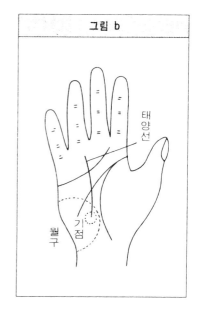

창조력, 공상(空想), 꿈 등을 활용함으로써 행운의 기회를 잡는다. 또 인기를 얻거나 발탁(拔擢)에 의하여 성공을 하게 될 것이다. 예능관계 등 인기 직업에 맞는 상(相)이라고 하겠다.

미는 반대로 될 것이다. 좋은 운명선일지라도 발목이 잡히는 손해선이다. 약혼자의 배신 등도 있을 것이다.

◆ 제2화성구에 기점이 있다. (그림 c)

인내심, 자재심이 풍부하고 그것을 살려 타인을 보좌하는 것으로 성공할 것이다. 이를테면 참모형(參謀型)이라 하겠다.

만약 독립한다면 소규모나마 이익율이 높은 직종을 선택하면 잘 되어 나갈 것이다.

새끼손가락과 수성구의 상태가 길상(吉相)이라면 조그마한 음식점이나 자기가 지닌 기술을 활용하는 기업도 훌륭하게 키워나갈 수 있다고 본다.

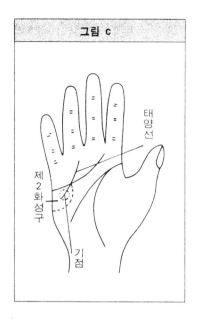

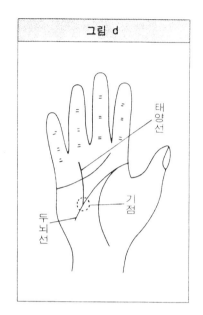

◈ 두뇌선에서 상승하고 있다. (그림 d)

감(感)이 좋고 명석한 두뇌의 소유주이다. 기회를 찾는 재능이 뛰어나 있다. 또 교제도 능숙하므로 자기를 값비싸게 내세워 대우를 받고야 마는 결과가 될 것이다.

게다가 새끼손가락이 길고 손이 작고 두뇌선의 상태가 길상(吉相)이라는 호조건을 구비하였다면 멋진 솜씨로 여러 가지 문제를 처리해서 호평을 받는 인물일 것이다.

◈ 감정선에서 상승하고 있다. (그림 e의 ㉮)

이른바 대기만성형 만년 안태형(安泰型)이다. 젊었을 때는 충분하게 능력을 발휘하지 못한 채 지내셨시만 그러는 동안 누각을 나타내게 될 것이고 직업면에서나 가정면에서나 알찬 생활을 영위하게 될 것이다.

◈ 생명선에 기점이 있다. (그림 e의 ㉯)

그림 e	그림 f
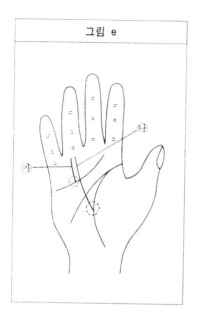	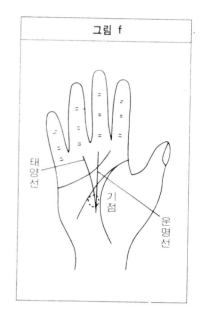

한번 결정한 일은 반드시 해내고야 말 강한 의지의 소유주이
다. 그리고 남모르는 노력과 인내에 의하여 예술 문장의 재능을
발휘하게 되어 멋지게 영광을 얻게 될 상(相)이다.

또한 이 선이 약간일지라도 생명선의 안쪽에 기점이 있다면
친척의 원조로 성공할 것이다.

◆ 운명선에 기점이 있다. (그림 f)

주위의 의견을 뿌리치고라도 자기의 신념대로 전진해 가는
형이다. 이것으로써 길운(吉運)을 잡을 것이다.

단 선이 잘렸거나 사행(蛇行)한다면 길운(吉運)은 엷어지고
말 것이다.

태양선(太陽線) ② 말미(末尾)를 보는 법

◆ 말미가 세 가닥으로 되어 있다. (그림 a)

태양선의 본선 말미의 양쪽에 한 가닥씩 상승지선이 나와 있는 것이다.

명랑한 사람됨과 누구에게도 성심 성의를 다할 것이므로 자기 자신도 여러 사람으로부터 호의를 얻게 된다. 그 사람이 있다면 갑자기 방안이 명랑해질 만큼 쾌활하다고 하겠다.

가정에 있어서도 여성인 경우는 현모양처가 될 것이며 행복스럽고 멋진 가정을 구축할 것이다.

주위의 사람들로부터 인망과 신용을 한몸에 모으고 그로 인

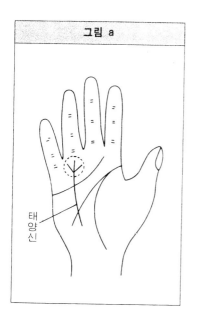

그림 a

태양선

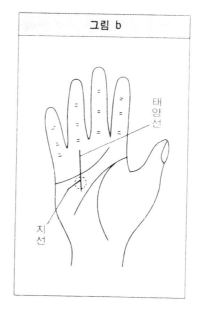

그림 b

태양선

지선

하여 개운(開運)의 기회를 얻게 될 것이다.

◈ 하부(下部)에 왼쪽으로 지선이 돋아 있다. (그림 b)

월구에 가까운 곳에서 출발하여 태양선에 합류하고 있는 것 같은 지선이 있고 그 태양선도 똑 바르고 뚜렷한 선이라면 좋은 협력자를 얻게 될 것을 나타낸다. 이 협력자는 이미 있을지도 모르겠다.

◈ 금성구에서 지선이 합류하고 있다. (그림 c)

생명선 안쪽에 있는 금성구에서 출발한 지선의 말미가 태양선에 합류하고 있는 경우이다.

예술적 재능을 타고 났다. 예술가, 문학가, 예능인을 지향하면 친척이 정신적으로나 물질적으로도 후원해 줄 것이다. 그 방향으로 나아갈 사람에게는 꼭 바람직한 선의 하나이다.

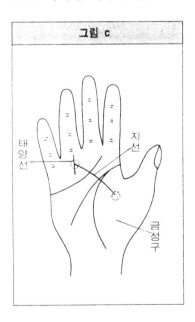

그림 c

태양선 ─ 지선, 금성구

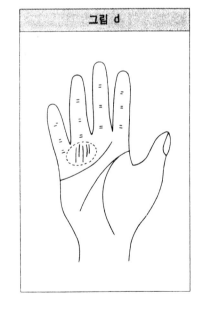

그림 d

◆ 아주 약한 태양선이 몇 개나 나와 있다. (그림 d)

한 가닥 한 가닥이 짧고 아주 약한 태양선이 몇개나 나와 있는 경우는 명랑한 성격으로 교제가 아주 능숙하다.

다만, 자칫하면 확고한 신념을 가지고 있지 않은 탓으로 마침내 팔방미인격이 되어 직업에도 끈기가 없어서 대성(大成)하기는 힘들 것이다.

만약 이 태양선을 지녔고 두뇌선 말미가 상곡(上曲)하고 불룩한 수성구를 이루고 있다면 사람을 다루는데 능숙한 까닭에 접객직업(여관, 식당업)으로 성공을 할 것이다.

◆ 선상(線上)에 섬이 있다. (그림 e)

섬은 선상의 어느 위치에 있건 좋지 않은 운(運)을 나타낸다.

인간관계의 말썽이나 충돌이 이모 저모로 있을 뿐만 아니라 인기, 지휘, 명예의 실추를 초래하기 쉽다고 보겠다.

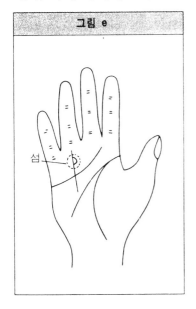

그림 e

섬

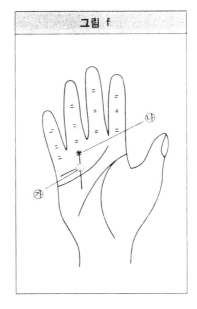

그림 f

㉯

㉮

◆ **선이 잘려 있다. (그림 f의 ㉮)**

잘린 상태에 따라서 의미의 강약에 차이가 있겠으나 이는 어떤 한 때의 쇠운(衰運)을 의미한다.

인간관계에 말썽이나 충돌이 있겠으며, 재운(財運)에 난조(亂調)가 생길 것이다.

다만 운명선이 잘려 있는 경우보다 더한 쇠운(衰運)을 의미하는 것은 아니다.

◆ **말미에 성문(星紋)이 있다. (그림 f의 ㉯)**

자기의 개성이나 재능이 마음껏 발휘되어서 성공할 것이라는 행운을 나타내는 상(相)이다.

이 성문이 있다면 틀림없이 행복하게 될 것이다. 단 잘려 있지 않아야 한다.

금성대(金星帶)를 보는 법

◆ **토막 토막으로 나와 있다. (그림 a)**

토막 토막 잘려 있으면서도 활 모양을 하고 있는 금성대(金星帶)인 경우 감수성이 대단히 강하다고 본다. 때로는 너무 지나치도록 신경과민이라고 할만하다.

이 상(相)에 맞추어서 감정선이 유달리 길고 두뇌선과의 균형을 잡지 못했으면 신경질 기미의 경향으로 되기 쉽다.

일반적으로 말해서 금성대가 없는 사람보다는 감정으로 흐르기 쉬운 기분파이지만 그런 탓으로 이성(異性)에 대한 감정표현 등은 능숙하다.

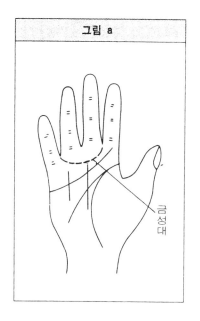

그림 a

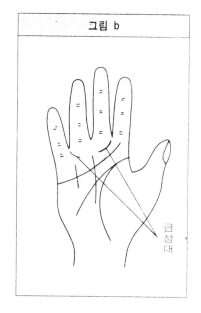

그림 b

◆ 잘려 있는 선이 조금 나와 있다. (그림 b)

금성대(金星帶)로서는 흔히 보게 될 형이다. 역시 금성대가 없는 사람보다도 감정에 지배되기 쉽다고 하겠다. 주위의 사람들에 대한 마음쓰임도 섬세하게 된다.

또한 이 경우도 감정선이 유달리 길다면 타인을 질투하거나 시기하거나 근거없이 그릇되게 추측하기 쉽다.

◆ 한 가닥만 짧게 나와 있다. (그림 c)

한 가닥만 짧은 금성대가 금성대의 본래 나 있을 부위(部位)의 중앙에 있는 경우는 다소 자기 중심적인 감정선의 소유주라고 하겠다. 자기의 이해(利害)에 관한 문제에 대해서는 남보다 배이상의 관심을 쏟아 반영하기 때문에 그 밖에 문제에 대해서는 무시하고 태연하다.

◆ 감정선과 붙어 있다. (그림 d)

148

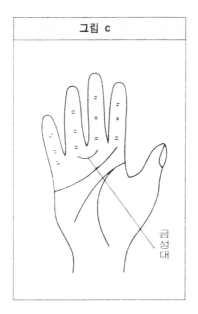

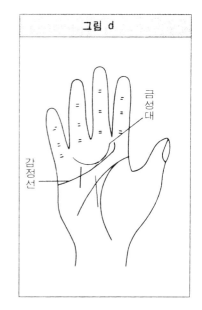

정(情)에 약한 형이다.

또 감정선만 유달리 긴 경우는 신경질적인 일면의 기미가 있다고 보아도 좋을 것이다.

만약 붙어 있는 감정선이 강한 「curve」를 그리고 있어서 두 뇌선이 월구쪽까지 하강하고 있다면 낭만적이라고 할 수 있다. 이를테면 영화나 소설의 「멜로 드라마」를 좋아하고 그 비극적인 장면에 눈물을 흘리는 그러한 형이다.

◆ 여러 층으로 금성대가 있다. (그림 e)

금성대의 선의 수는 많으면 많을수록 그 의미는 강해지기 때문에 많으면 많을수록 감정에 대하여 민감하다고 하겠다.

애정에 대해서도 같다고 하겠다. 즉 여러 층의 금성대가 있는 사람의 애정감각은 다소 과열기미로서 정상을 이탈한 사랑을 하게 될 가능성도 있다.

또 중지(中指)가 새끼손가락 쪽으로 강하게 굽어 있다면 가족이나 배우자로부터의 애정을 비뚤어지게 해석해 버리거나 비꼬아 받아 들인다. 그 결과 그 가정에 불행을 초래하게 될 것이다.

◆ 금성대에 섬이 있다. (그림 f)

이 경우의 섬은 나쁜 의미는 별로 없고 정열적인 성격임을 의미한다.

또 동시에 두뇌선이 강하고 상태도 좋다면 그 정열을 자제할 줄도 안다. 그것을 잘 살림으로써 배우 등 정열을 표현하는 직업에 적합한 성향(性向)이라고 하겠다.

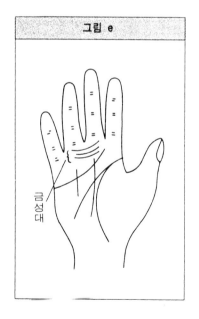

그림 e

금성대

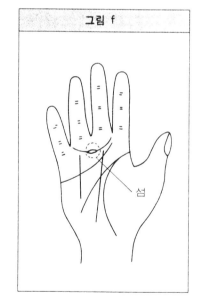

그림 f

섬

결혼선(結婚線)을 보는 법

◈ 하강(下降)하고 있다. (그림 a)

결혼한 뒤 아무래도 부부간이 잘 어울리지 않을 것을 나타낸다. 별 것 아닌 것을 가지고 싸움을 하거나 어쩐지 충족되지 않은 상태로 있거나 어느 때인지 상대의 결점만이 눈에 띄이게 된다. 일종의 권태기와 같은 상태이다.

노력에 의하여 선(線)의 모양은 변화하게 될 것이므로 하강선인 사람은 당장에라도 신혼 당초의 기분을 되살려서 사랑을 소생시킬 수가 있다.

◈ 위로 굽어 있다. (그림 b)

독신생활을 의미하고 있다. 독신주의로 버티어 나가려고 하거나 기혼자가 무엇인가의 이유로 성 생활을 영위할 수 없는 그

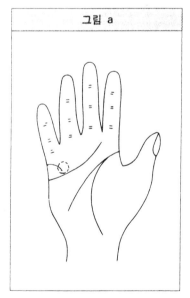

그림 a

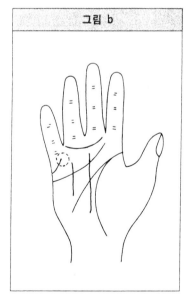

그림 b

런 뜻이다.

남편 또는 아내의 건강이 나빠지게 되거나 별거(別居)를 하기가 쉬운 그런 상(相)이다.

◆ 말미(末尾)가 갈려 있다. (그림 c)

결혼 초기에는 행복이 충만하겠지만 몇년인가 지나는 사이에 차츰 두 사람 사이에 빈틈이 생겨서 바람이 그 틈새를 뚫고 나가게 됨을 나타내고 있다.

그 원인은 자기 자신의 이기주의도 있겠지만 대부분은 상대의 결함에 의한 것이다.

결혼선의 말미가 갈려 있는 것은 곧 사랑의 갈림길로 본다.

◆ 도중에서 잘려 있다. (그림 d)

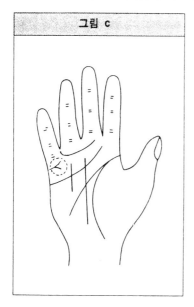

그림 c

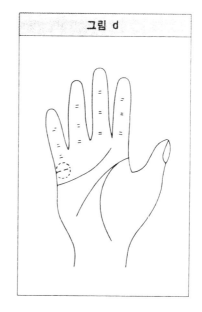

그림 d

잘려 있는 상태에 따라서 차이는 있겠지만 부부간의 사랑의 단절이라고 보는 것이 일반적이다. 사랑이 없는 부부생활을 억지로 이어나가게 되거나 때로는 이혼이나 별거 따위로 발전될른지 모른다.

또 바라지 않는 결혼을 하고 만 것을 후회하는 경우도 있다. 이를테면 대단히 가느다란 선일지라도 접속되어 있다며는 위기를 극복할 수가 있을 것이다.

◈ 결혼선에 섬이 있다. (그림 e)

부부간에 있어서 좋지 못한 징조이다. 표면상으로는 적당하게 냉정을 위장하고 있어도 그 안쪽에서는 불만이나 불안의 불씨가 도사리고 있는 것이 많을 것이다.

더욱이 때로는 삼각관계에 의한 감정의 얽힘마저 파생되어서 부부 사이의 간격은 점점 더 멀어지고 흠을 남기게 될 것이다.

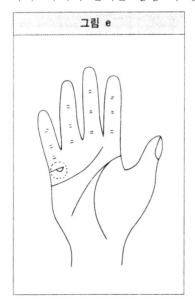

그림 e

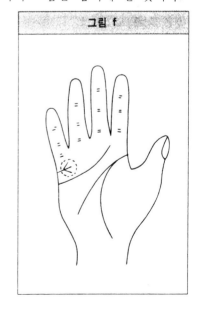

그림 f

화락한 가정에서 멀어지고 이별의 위기를 겪게 될 것이다.

◈ **말미(末尾)가 세 가닥으로 되어 있다. (그림 f)**

자기 자신의 변덕이나 다정 다감함이 원인이 되어서 이성(異性)과의 연결에 지장을 초래하게 될 것이다.

물론 부부 사이의 연결도 그러할 것이고 연인과의 사이도 원만하지 않을 것이다.

성격적으로는 나비처럼 이 꽃 저 꽃으로 옮아 다니는 변덕이 있으므로 그것이 모든 실패의 원인이 될 것이다. 그러므로 첫째로 성실성을 신조로 삼아야 할 것이다.

◈ **조그마한 지선이 몇 개나 나와 있다. (그림 g)**

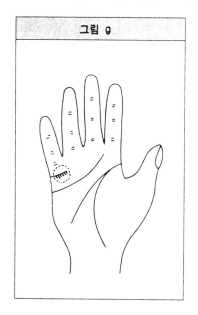

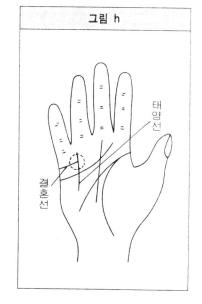

그 원인의 대부분은 배우자의 건강이 여의치 못한데 있다. 치료와 함께 커다란 사랑으로 위안하고 이해하도록 마음을 써야 할 것이다.

한편 이 지선이 상향으로 몇 개나 나와 있다면, 행복한 부부생활을 영위할 수 있다는 길운(吉運)을 의미한다.

◈ 태양선에 접하고 있다. (그림 h)

멋지고 부러운 결혼생활이 될 것을 나타낸다. 먼저 결혼하는 상대는 주위로부터 선망을 받고 있는 사람일 것이다. 여성의 경우라면 꽃가마를 탄 듯한 귀태(貴態)일 것이며, 남성의 경우라면 재색(才色)을 겸비(兼備)한 여성을 아내로 삼을 것이다.

가정생활을 하더라도 이 행운은 계속될 것이다. 하루 하루가 장미빛으로 빛나고 즐겁고 즐거워서 견딜 수 없을 만한 신혼생활이다. 애정과 신뢰로서 훌륭한 가정을 이룩해 나갈 것이다. 참 부러운 선이다.

건강선(健康線)을 보는 법

◈ 새끼손가락(小指)밑의 감정선에서 손바닥을 비스듬히 손목방면을 향하여 달린다. (그림 a)

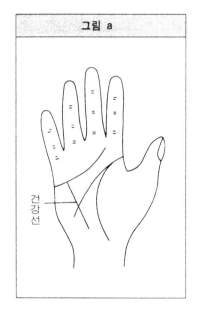

그림 a

건강선

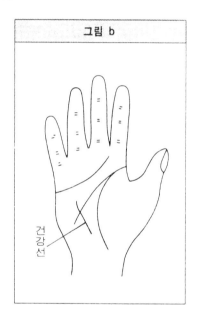

그림 b

건강선

이와같은 선이 건강선이지만 이것은 없는 것이 더 좋다. 왜냐하면 이 선은 노력선이며 남보다 배로 노력함에 있어서 건강면에 마이너스 영향이 나오게 되는 까닭이다.

다만 나와 있는 선일지라도 잘리거나, 비틀어졌거나, 굵지도 깊지도 않고, 또 생명선까지 뻗히지 않는 곳에서 멈추어 있다면 길운(吉運)이라 할 수 있다.

◈ 손바닥의 중간부위에만 나와 있다. (그림 b)

짧은 건강선이 손바닥의 중간부위쯤에 있고 그 부근의 색상이 불량한 경우는 소화기계의 질환이 있음을 나타낸다. 게다가 생명선 중간쯤에 섬이 있다면 소화기계 질환에 만성화의 가능성이 있다고 본다.

◈ 선상(線上)에 섬이 있다. (그림 c)

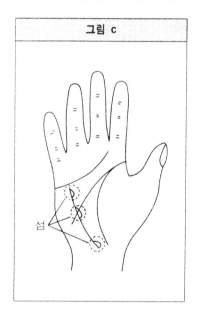
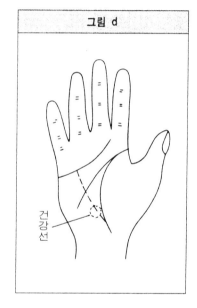

감정선에 가까운 건강선 상부의 섬은 허파 등 호흡기계의 질환에 걸리기 쉽고 완쾌되기 힘드는 것으로 본다. 더욱이 큰 손톱, 순가락형 손톱, 새로 주름의 손톱이 많이 있으면 한층 더 호흡기계에 주의하지 않으면 안된다.

건강선 중부처럼 두뇌선과 교차한 곳의 섬은 신경계의 질환에 주의를 해야 하겠다. 다만 강하고 깊게 굵은 두뇌선은 그의 흉의(凶意)를 약화시킨다.

건강한 하부의 섬은 신장(腎臟) 생식기계가 약하고 질환으로 고생하기 쉽다고 본다.

◆ **토막 토막이다. (그림 d)**

어디라고 꼬집어 환부가 분명하지도 않은데 항상 두통이 있거나 기분이 명쾌하지를 못할 것이다.

또 위장이 약한 데다가 냉증의 경향도 있다. 그래서인지 조석으로 이랬다 저랬다 변덕이 심한 성격으로 인내성도 부족하다.

◆ **생명선과 교차하고 있다. (그림 e)**

분명하게 교차하고 있는 경우는 건강한 듯이 보여도 의외로 무르고 약하며 한 번 누어버리면 완치까지 시간이 걸리거나 중증(重症)이 되기 쉽다.

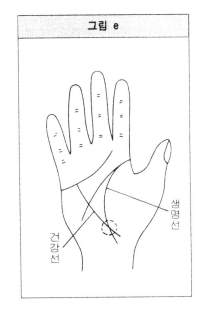

그림 e

생명선

건강선

한편 생명선에 부딪쳐서 멈추어 버리고 있는 경우일지라도 그 건강선이 굵은 때는 건강에 주의할 것이다.

이러한 경우의 건강선은 도리어 아주 약하거나 사행(蛇行)하고 있다면 주의도(注意度)가 강하지 않아도 된다.

재운선(財運線)을 보는 법

◈ 똑똑하게 난조(亂調)없이 강하게 나와 있다. (그림 a)

재운선(財運線)이란 수성구에 나와 있는 세로선인데 똑똑하게 난조없이 힘차게 새겨져 있으면 더욱 더 금전운이 가중된다고 본다. 또 보다 길고 몇 가닥이고 많이 나와 있는 편이 강한 금전운을 나타낸다.

다만 동시에 태양선, 금성구, 두뇌선을 참고로 살펴 볼 필요가 있다.

◈ 사행(蛇行)하고 있다. (그림 b)

선이 사행하고 있거나 미약하거나 하면 아무리 길어도 불안

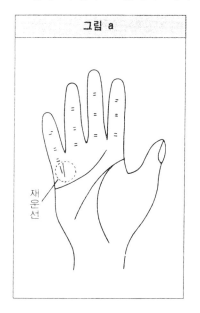

그림 a

재운선

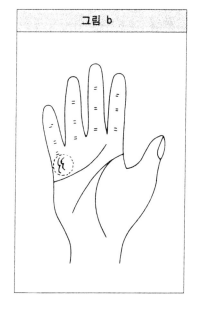

그림 b

정한 재운이라고 본다.

틀림없이 돈이 들어오기는 하지만 도무지 저축이 되지 않고 어느 사이엔가 손아귀에서 빠져나가 버리는 것이다. 또 가령 저축을 할 수 있었어도 곧 적자의 연속이 되어서 역시 도로아미타불이 될 것이다.

◆ 가로선(橫線)이 있다. (그림 c)

돈의 회전이 수월하고 손쉽게 저축액도 증가하고 있는 것 같은데도 어느 시기에 갑자기 그 운이 등을 돌려버리고 말 것이다. 마치 순풍에 돛단 배처럼 항해를 하다가도 불시에 빙산(氷山) 등에 부딪치는 격이라 하겠다.

더욱이 이 가로선이 강한 선일수록 변화를 야기하는 장해에 부딪치는 도수가 강하다고 본다. 또 여러 가닥의 가로선이 있는 경우라면 역시 장해에 부딪치는 도수가 중첩되어 보다 재운(財

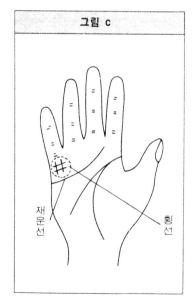

그림 c

재운선

횡선

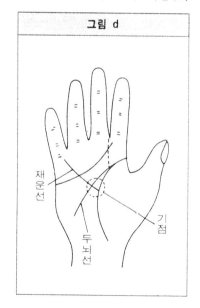

그림 d

재운선

두뇌선

기점

運)이 등을 돌리는 것을 의미한다.

◈ 두뇌선에 기점(起點)이 있다. (그림 d)

토성구의 하부쪽에 와 있는 두뇌선에서 이 재운선이 출발하고 있다면 길선(吉線)으로 본다.

이 경우 재수(財數)는 발명이나 발견 등에 의해서 구축하는 것이므로 그 방면에 대한 자기의 재질을 배양해 두는 것이 좋을 것이다.

또한 동시에 감정선이 목성구의 중앙까지 뻗쳐있다면 넓은 의미에서 길운(吉運)이다.

◈ 각문(角紋)이나 정자문(井子紋)이 있다. (그림 e)

이러한 문형(紋形)은 가령 일반적인 금전운의 위기에 빠지는 일이 있을지라도 반드시 재기하게 됨을 의미한다. 즉 일종의 길

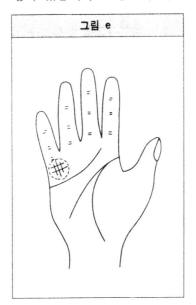

그림 e

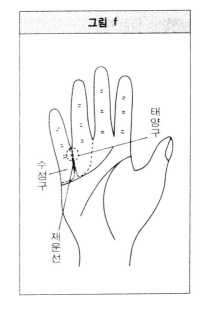

그림 f

태양구

수성구

재운선

운으로 보아도 좋다는 것이다.

그러나 재운선 자체가 사행(蛇行)하고 있는 경우는 비록 재기(再起)할 수 있을지라도 그렇게 힘차고 급격한 재기는 기대하기 어렵겠으며 재기 후도 또한 금전운의 위기에 부딪치기 쉬울 것이다.

◈ 수성구와 태양구의 중간에 있다. (그림 f)

수성구와 태양구의 중간 부위에 재운선이 있으면 우연에 의하여 돈을 잡는 것으로 본다.

이를테면 뜻하지 않았던 유산을 받게 되거나 복권에 당첨되거나 거금을 습득했는 데도 주인이 나타나지 않아서 큰돈을 손에 잡게 되는 경우이다.

한편 그밖에 재운선의 선단이 갈라져 있거나 굽어 있으면 산재(散財) 등 금전운의 난조(亂調)나 하강(下降)을 의미한다.

야망선(野望線)을 보는 법

◈ 몇 가닥이나 나와 있다. (그림 a)

야망선이란 목성구의 위에서 인지(人指)를 향하여 상승하고 있는 선이다.

이 야망선이 몇 가닥이고 나와 있는 경우는 상당한 야망가라 본다. 다만 너무나도 야망의 범위가 넓은 탓으로 가슴에 품은 야망이 결실할 것 같지가 않다.

그럴지라도 그 여러 선 가운데서 한 두 가닥이 유달리 강하고 긴 경우는 야망을 어느 한 곳으로 초점을 모아 노력하면 성공할 가능성이 있다.

그림 a
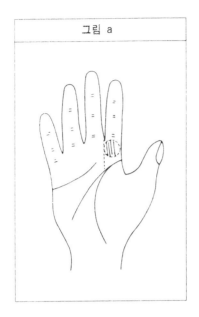

그림 b
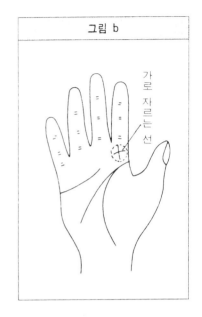 가로 자르는 선

◈ 횡단하는 선이 있다. (그림 b)

가령 성공할 가능성이 있는 야망 선이 있을지라도 그것을 횡단하는 선 은 야망을 좌절시키려고 하는 것이다. 이 횡선이 굵을수록 방해도는 높고 미약한 횡선이라면 일시적인 방해에 그칠 것으로 본다.

반항선(反抗線)을 보는 법

◈ 곧은 선이 두 가닥쯤 있다. (그림 a)

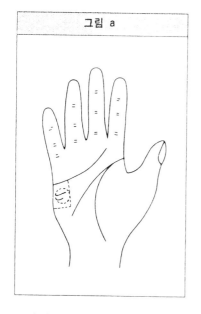

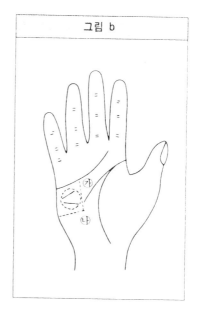

반항선이란 제2화선선이라고도 하며, 제2화성구에 횡선으로 나와 있는 것이다.

곧은 선이 두 가닥쯤 있는 경우는 다소의 반항심이 있다고 본다. 남성이라면 다소간 반항심이 없어서는 활기가 없고 믿음직스럽지 못하므로 이 경우는 길운(吉運)으로 본다.

한편 여성이라면 단단한 성미로 웬만한 남자를 능가하는 강한 면이 있는 형이다.

◈ 상향(上向)으로 되어 있다. (그림 b의 ㉮)

상당히 기질이 강한 것으로 본다. 그러나 이 선이 몇 가닥이고 나와 있다면 단순히 기질이 강하다는 정도를 넘어서 독선적인 성격이라고 하겠다.

기질이 강하다는 것은 어떤 경우에는 필요하겠지만 독선적인 경향으로 흘러 남의 말을 솔직하게 듣지 않게 되어서는 반항선의 나쁜 의미를 나타내고 있는 것이다.

◈ 하향(下向)으로 되어 있다. (그림 b의 ㉯)

하향의 반항선이 몇 가닥이고 나와 있는 것은 어느 정도의 반항심을 가슴에 감추고 있겠지만 그것을 곧이 곧대로 터뜨리지는 않는다.

반항심을 억누르고 만사에 무사주의로 통하거나 뒷전으로 돌리거나 한다.

◈ 유달리 긴 반항선 (그림 c)

반항심이 강하고 그것이 두 뇌선까지 닿을 만큼 길다면 독선적인 성격을 나타낸다.

노(怒)하기 잘하고 비꼬기 잘하며 자주 달려들기 때문에 주위의 사람들과 조화를 이루어 나가기는 어려울 것이므로 남의 마음을 받는다.

또 두통이 자주 일어나기도 하고 그것이 남들과의 교제에 장해가 되기도 한다.

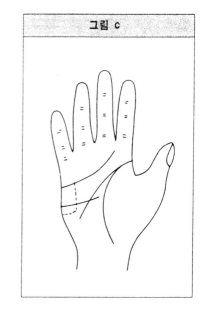

그림 c

여행선(旅行線)을 보는 법

◈ **각문(角紋)이 붙어 있다. (그림 ㉮)**

월구 하부의 타격선쪽(打擊
線側·소지쪽＝小指側)에서
중앙으로 향하는 선과 손목의
맨 윗선에서 상승하는 짧은
선이 여행선·항해선이라 일
컬어진다.

여행을 떠나려 할 때 이 선
을 보고 각문이 있다면 여행
중에 위기에 부딪치기는 하지
만 결국 탈출하여 무사 귀가
할 것으로 본다.

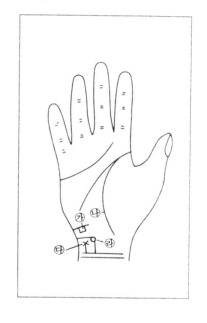

◈ **월구 타격선쪽에서 나와
손목선을 향하여 「curve」를
그리고 있다. (그림 ㉯)**

모처럼 여행을 떠났는데도 슬픔을 맛보거나 여행을 중단했더
라면 하고 후회하기 쉬운 상(相)이다.

◈ **선단에 십자문(十字紋)이나 곱(×)표의 기호가 있다. (그
림 ㉰)**

여행의 목적을 뜻대로 수행하지 못했거나 실망하여 귀가하는
경향이 있다.

◈ **섬이 있다. (그림 ㉱)**

　여행을 함으로써 충돌, 실패, 손해가 있겠다.
　한편 여행선 이외에도 생명선, 두뇌선, 운명선 등도 여행운에
영향을 주게 된다.

손목선(線)을 보는 법

◈ 난조(亂調)없이 세 가닥이 나와 있다. (그림 a의 ㉮)

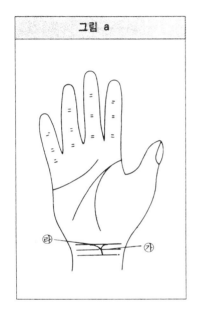

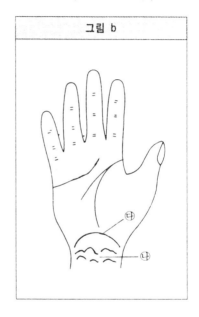

손목선은 주로 건강면을 보는 것인데 세 가닥의 손목선이 흐트러짐이 없는 경우는 건강하고 장수할 상(相)이라고 본다.

한편 난조가 있는 경우(그림 b의 ㉯)는 내장(內臟)과 생식의 각 기관에 약점이 있기 쉽다고 본다.

그리고 전혀 난조가 없는 네 가닥의 손목선이 나와 있는 경우는 대부호(大富豪)가 될 상이다.

◈ V자문이 있다. (그림 a의 ㉱)

길운(吉運)이다. 손목선 자체도 좋은 것이라면 만년(晩年)에

뜻하지 않은 재산을 손에 잡을 수 있다고 본다.

◈ 제1손목선이 극단으로 상곡(上曲)하고 있다. (그림 b의 ㉮)

내장(內臟)과 생식의 기관에 약점이 발생하기 쉽고 여성은 임신 즈음하여 만전의 주의를 하여야 한다.

직감선(直感線)을 보는 법

◆ **직감선(直感線)이 있다.**

직감선은 수성구에서 월구
에 걸쳐 반달형 또는 조금 휘
어진 모양으로 나와 있는 것
이다. 또 월구에만 휘어져 나
와 있는 경우도 있다.

이 선은 남의 속마음을 직
감으로 알거나 미래를 예지하
는 등 예민한 감각을 지니고
있음을 의미한다.

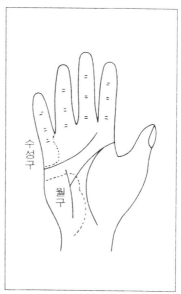

자손선(子孫線)을 보는 법

❖ 가늘고 몇 가닥이나 사행(蛇行)하고 있다. (그림 a)

결혼선에서 상승하는 가는 선을 자녀선 별칭(別稱) 홀몬 선이라 한다. 이 선이 많은 경우는 정력이 왕성함을 뜻한다.

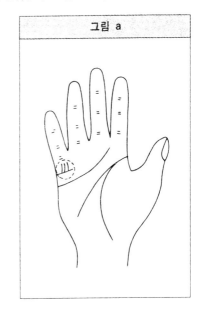

그림 a

자녀선을 볼 때에는 감정선의 기점에 있는 지선이나 소지(小指)의 길이 금성구나 손목선의 상태도 참고해야 한다.

그런데 일반적으로 자녀선의 폭이 넓은 경우에는 태어나는 아이는 사내아이이며 폭이 좁은 경우에는 계집아이라 본다. 다만 이 판별은 익숙하지 않으면 혼동하기 쉽다.

그리고 이 자녀선은 강하게 깊이 새겨져 있다면 자녀운에 대하여는 길(吉)하다고 보지만 그림 a처럼 가늘게 몇 가닥이고 사행(蛇行)하고 있는 경우는 정력감퇴시기라 본다.

이와같은 시기에 이모저모로 무리를 해서 임신하는데 성공할지라도 그 결과는 여의치 못할 것이다. 이를테면 임신기간중이나 출산에 즈음하여 괴로움을 당하거나 고생해서 출산한 어린이도 몸이 약하거나 할 것이다.

인간은 고령화하게 되면 당연히 정력은 감퇴하는 것이지만 만약 젊은 사람이 이와같은 자녀선을 가졌다면 정력의 낭비를 삼가하고 무엇보다도 먼저 체력을 회복시키도록 해야 할 것이다.

◆ 말미에 여러 가지 문양(紋樣)이 있다. (그림 b)

자녀선의 말미에 X문(紋)이 생겨 있거나(그림 b의 ㉮) Y형으로 되어 있거나(그림 b의 ㉯) 말미 그 자체가 교차하고 있는 (그림 d의 ㉰) 경우는 자녀운이 나쁘다는 뜻이다.

이런 경우는 이를테면 알콜중독, 약물중독, 성병이 원인이 되어 태어난 자녀가 병약(病弱)하거나 어딘가에 결함이 있을 가능성이 있다.

◆ 선단이 섬에서 멈추어 있다. (그림 c)

이러한 경우도 말미에 문양(紋樣)이 있는 경우와 같이 자녀

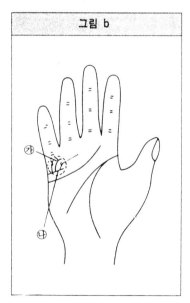

그림 b

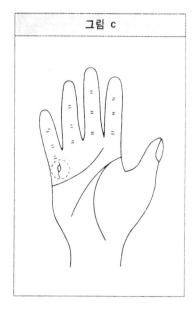

그림 c

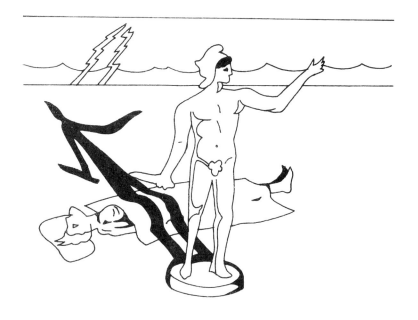

운이 나쁘다고 본다.

　만약 출산이 임박한 여성에게 있어서 자녀선의 선단에 섬이 있고 더욱이 수성구의 색이 나쁠 때는 난산할 것 같은 상(相)의 하나라 하겠다.

　또 현재는 임신하고 있지는 않은 여성에게 섬이 있다면 자궁에 장해가 있을 것이라고 생각됨으로 조심해야 한다.

음덕선(陰德線)을 보는 법

◆ **음덕선(陰德線)이 있다.**

금성구의 하반부위(下半部位)쯤에 세로선이 몇 가닥인가 나와 있는 것을 음덕선이라 한다.

이것은 숨어서 남을 위하여 힘을 다하는 것이 많을수록 많이 생겨나는 선이다. 또 젊은 사람인 경우는 어버이의 음덕(陰德)이 자손에게 나타나는 것이라 본다.

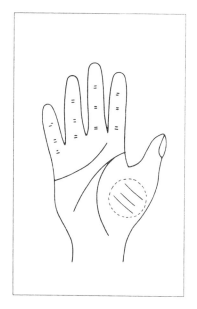

❀ 수상학(手相學)의 발생(發生)과 분류(分類)

수상학은 고대 인도에서 그 연구의 발단을 볼 수 있다고 하는데 인도의 「파라몬 교도」가 고대 인도의 유적인 석굴사원 안에 수납되어 있던 것이 발견되었던 것이다.

그것은 인간의 피부를 정교하게 계합(繼合)한 것에 기록된 3권의 수상서(手相書)이며 그 1편은 고대 인도문자로 쓰여 있어서 아직 해독 되지를 못하였다.

이 인도의 수상학은 「알렉산더 대왕」에 의하여 서양으로 반출되어 연구되고, 한편 중국을 중심으로 한 동양에서도 연구되고 진전되어 왔었다.

그런데 수상학(手相學)은 어떻게 분류되어 있는가?

① 수형학(手型學) ② 지학(指學) ③ 조학(爪學) ④ 구학(丘學) 이상을 수형학(手型學)이라고 한다.

⑤ 문선학(紋線學)

이상의 수형학과 문선학의 두 가지를 합쳐서 연구 발전한 것이 현재의 「손의 비교 연구학」이라고 일컬어지고 있다.

⑥ 지문학(指紋學) ⑦ 장중팔괘법(掌中八卦法)이 있는데 이것들은 모두 동양적인 것을 택취(擇取)한 독특한 것이다.

제3장
그런데 당신의
손금은?

❖ 성격(性格)을 점(占)친다 ❖

　자기 스스로는 단아(端雅)한줄 알고 있는데도, 주위의 사람들은 수다스럽다고 보기도 한다. 그렇다면 정말 당신의 성격은 어느편일까? 또한 친구들의 마음속을 엿보기로 하자.

성격(性格)을 점(占)치는 요령(要領)

◉ **손을 내미는 버릇을 본다.** 무의식으로 내민 손으로 판단하는 것이다. 다섯 손가락 전부를 떼어서 내민 사람은 개방적이며 쾌활하고 호인이다. 싫증도 빠른 사람이다. 무지(拇指)만을 떼어서 내민 사람은 마음 속에 줏대가 자리를 잡은 사람이다. 이지적(理智的)이지만 타협성이 결여되어 있다. 인지(人指)를 떼어서 내민 사람은 협조성이 없고 독립심이 강한 사람이다. 이기주의에 빠지기 쉬운 위험성도 있다. 약지(藥指)를 떼어서 내민 사람은 외평(外評)은 좋으나 가정에서는 독선적이고 가족운을 타고나지 못한 형이다. 소지(小指)를 떼어서 내민 사람은 이재면(理財面)의 재능은 별로 없고, 언어 표현도 졸열하여 상업에는 부적하다. 다섯손가락 전부를 붙여서 내민 사람은 깔끔한 성격으로 주의 깊고 다소 신경질인 면이 있다. 또 손 전체를 움츠려서 내민 사람은 주의 깊고 소심한 면도 있지만 계산이 밝고 야무진 사람이다.

◉ **장구(掌丘)를 본다.** 전부의 장구를 비교하고 그 중에서 가장 풍성하고 장도(張度)가 유별나게 다른 장구의 의미가 그 사람의 성격을 나타낸다.

◉ **문선(紋線)으로 본다.** 두뇌선이 뚜렷하고 길게 생겨 있으면 이지파(理智派)이며, 감정선이 강하고 길게 뻗쳐 있으면 감정파라 본다. 또한 어느 곳이건 「curve」가 그린 상태를 보고, 양쪽의 선이 다 함께 미려(美麗)한 「curve」를 그리고 있다면 기교선, 난조가 있다면 요령이 나쁜 형이다. 또한 이 「curve」는 무지(拇指)로도 볼 수 있다. 즉 무지가 현저하게 뒤로 젖혀져 있다면 그만큼 세파(世波)를 헤치고 나아가는 것이 능란 하다.

🖐 사교(社交)가 능숙(能熟)한 형의 상(相)

● 무지(拇指)가 힘껏 뒤로 젖혀진 사람은 원만하게 타인관계를 이룩해 나가는 사람이다. 누구라도 잘 사귀어 나갈 것이다.

● 감정선, 두뇌선이 다같이 미려(美麗)한 「curve」를 그리고 있는 사람도 사교가 능숙한 사람이다. 유달리 두뇌선이 극단적으로 위쪽이나 아래쪽으로 향하지 않고 알맞게 그 중간에 「curve」를 그리고 있다면 상당한 사교가이다.

● 상대의 속을 꿰뚫어 보는 것이 능숙한 사람은 당연히 타인과의 접촉도 능숙하지만 약지(藥指)가 곧고 긴 사람은 독심술(讀心術)에 탁월하다.

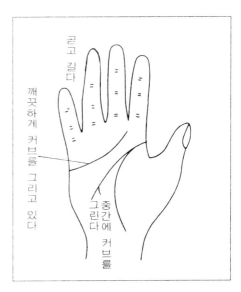

곧고 길다

깨끗하게 커브를 그리고 있다

그 중간에 커브를 그린다

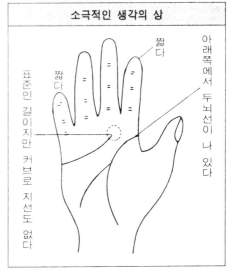

소극적인 생각의 상

짧다

짧다

표준인 길이지만 커브로 지선도 없다

아래쪽에서 두뇌선이 나 있다

신경질(神經質)인 형의 상(相)

● 손이 전체적으로 가늘고 손가락과 손가락 사이의 틈새가 많은 사람은 걸핏하면 고독에 빠지기 쉬운 신경질형이라 본다.

● 감정선이 길고 월구(月丘)가 야무지고 힘차게 되어 있으면 남의 걱정을 하는 일이 드물고, 자기의 감정으로 매사를 처리해 나가기 쉬운 성격을 나타낸다. 이런 사람은 곧잘 타인에게 까닭없이 달려들거나 성을 내게 되는 형이므로 주의가 필요하다.

● 비관선(두뇌선의 선단부 아래쪽에 생겨 있는 선)이 있는 사람은 무슨 일에나 꼼꼼히 파고들어 생각하는 성향(性向)으로 혼자 고민하는 형이다.

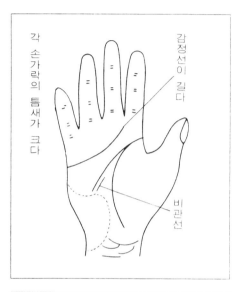

각 손가락의 틈새가 크다

감정선이 길다

비관선

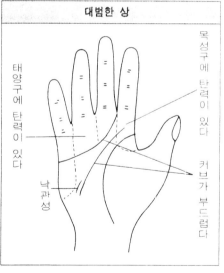

대범한 상

목성구에 탄력이 있다

커브가 부드럽다

태양구에 탄력이 있다

낙관성

심술궂은 상(相)

● 약지(藥指)가 짧거나, 점이나 흠이 있거나, 굽어 있는 사람은 사교성이 졸렬한데다가 성격이 비뚤어지기도 한다. 그 밖에 이와같은 수상인 사람에게는 손버릇이 나쁜 사람도 간혹 있기도 하다.

● 태양선(태양구를 향하고 있는 선)이 감정선의 부근에서 잘려 있거나, 비뚤어지거나 사행(蛇行)하고 있는 사람도 역시 사교적인 면에서의 결함이 있겠고 타인과의 다툼을 일으키기 쉽다고 본다. 더욱이 사소한 일을 깊이 새겨놓고 잊지 않은 형이다.

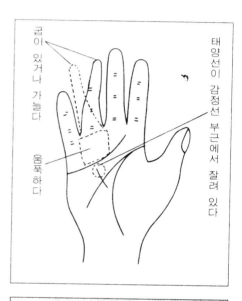

굽이 있거나 가늘다

움푹하다

태양선이 감정선 부근에서 잘려 있다

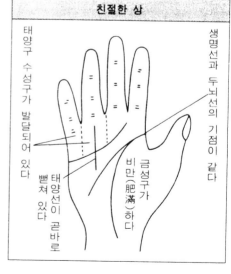

친절한 상

태양구 수성구가 발달되어 있다

태양선이 곧바로 뻗쳐 있다

금성구가 비만(肥滿)하다

생명선과 두뇌선의 기점이 같다

고집쟁이 상(相)

● 무지(拇指)가 굵고 굽어 있지 않고 유달리 무복(拇腹)이 남짓하고 야무지고 힘차면 자기 주장이 강하고 타인의 설득에는 좀처럼 귀를 기울이지 않는다. 요컨데 완고하다.

● 두뇌선과 감정선이 굵고 완만하게 「curve」를 그리고 있는 사람은 타인과의 협조성이 결여되어 있다고 본다. 게다가 태양선이 없는듯 하면 대단한 고집쟁이라 본다.

● 제1화성구가 발달하고 있는 상(相)은 자존심이 강하고 소심하면서도 곧잘 성을 내기 쉬운 형으로 본다.

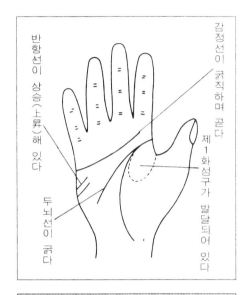

감정선이 굵직하며 곧다

제1화성구가 발달되어 있다

반항선이 상승(上昇)해 있다

두뇌선이 굵다

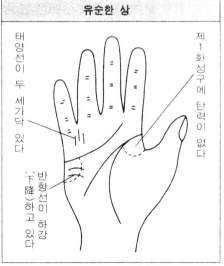

유순한 상

제1화성구에 탄력이 없다

태양선이 두세 가닥 있다

반항선이 하강(下降)하고 있다

📖 부추김에 잘 타기 쉬운 상(相)

● 두뇌선보다 감정선이 길게 「curve」를 그리고 있는 사람은 정에 얽매이기 쉬운 형이다. 게다가 감정선에서 나와 있는 지선(枝線)이 하강(下降)하여 두뇌선과 결부되어 있다면 곧잘 타인을 동정하거나, 타인의 문제에 열중하기 쉬운 성격이라 본다.

● 약지(藥指)가 짧은 사람은 인내력이 부족할 뿐만 아니라 남의 입방아에 오르기 쉬운 형이므로 때로는 큰 손해를 입게 된다.

● 태양구가 지나치게 남짓하면 씀씀이가 심하고 침착성이 부족하며, 게다가 명예나 매명(賣名)을 동경하기 때문에 타인의 부추김을 받기 쉽다.

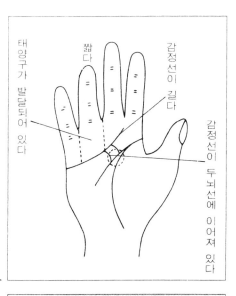

태양구가 발달되어 있다

짧다

감정선이 길다

감정선이 두뇌선에 이어져 있다

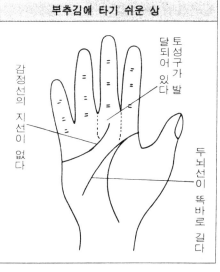

부추김에 타기 쉬운 상

감정선의 지선이 없다

토성구가 발달되어 있다

두뇌선이 똑바로 길다

여걸(女傑)의 상(相)

● 두뇌선의 기점이 생명선에서 떨어져 있는 상(相)의 소유자는 배짱이 있고 마음이 넓은 인물로 봐도 좋다. 말하자면 두목형, 여걸풍(女傑風)의 형(型)이라고 하겠다.

● 태양선이 굵은 데다가 두뇌선에서 나와 있다면 사교의 도(度)가 좋은 상(相)이다. 게다가 그 감도(感度)를 살려서 성공할 것이다.

● 인지(人指)가 굵은 사람은 지배력이 남달리 뛰어났다고 본다. 게다가 태양구에서 수성구에 걸쳐 남짓하다면 사교성의 풍부함을 의미함으로 틀림없는 두목형이라 판단한다.

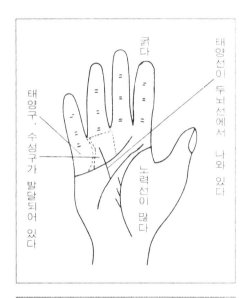

굵다

태양선이 두뇌선에서 나와 있다

태양구·수성구가 발달되어 있다

노력선이 많다

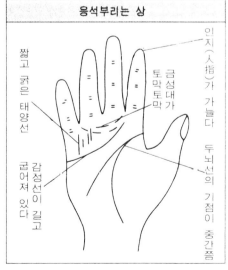

응석부리는 상

짧고 굵은 태양선

금성대가 토막토막

인지(人指)가 가늘다

두뇌선의 기점이 중간쯤

감성선이 길고 굽어져 있다

의뢰심(依賴心)이 강한 상(相)

● 두뇌선이 하강하고 있을 뿐만 아니라 생명선의 안쪽에 의뢰선이 나와 있다면 그 사람은 타인에 의지하기 쉬운 성향(性向)이 강하다고 본다. 즉 자주성이 없다.

● 금성구가 풍부하지 못한 사람은 건강면에서 약점이 있음을 나타내는 것인데다가 정력면에서도 불안함으로 수시로 타인의 힘을 빌리고 싶어한다.

● 제1화성구가 발달하고 있지 않은 사람의 경우는 투쟁심이 박약하고 실행력도 구비하지 못한데서 누구에게 곧 의뢰, 구조를 구하고자 하는 마음이 작용한다고 보아도 좋을 것이다.

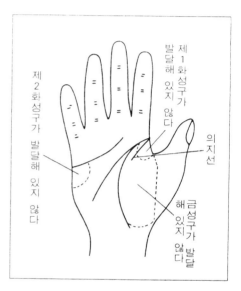

제1화성구가 발달해 있지 않다
제2화성구가 발달해 있지 않다
의지선
금성구가 발달해 있지 않다

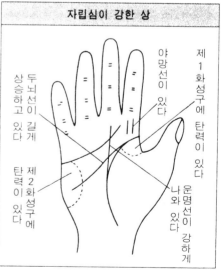

자립심이 강한 상

제1화성구에 탄력이 있다
야망선이 있다
두뇌선이 길게 상승하고 있다
제2화성구에 탄력이 있다
운명선이 강하게 나와 있다

아이디어·맨의 상(相)

● 약지(藥指)가 굵고 길면, 미적감각이 뛰어나고 예술방면의 재능을 나타낸다고 보지만, 동시에 그것은 독창적인 착상이라 하겠다. 이와같은 사람의 경우에는 예술 이외에도 여러가지 아이디어를 낼 것이다.

● 태양구가 남짓하고 야무지며 힘찬 태양선이 두뇌선에서 나와 있는 상(相)은 두뇌의 회전이 빠르고 감도(感度)의 예민함도 남다르다 하겠다. 또한 기회를 포착하는 데도 민첩하기도 한 상(相)이다.

● 목성구가 남짓하고 야무지며 힘찬 사람은, 항상 전진적 지향성(志向性)으로 사무를 처리해 나간다.

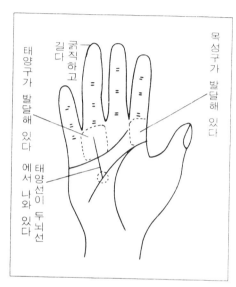

굵직하고 길다

태양구가 발달해 있다

목성구가 발달해 있다

태양선이 두뇌선에서 나와 있다

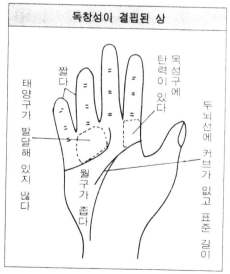

독창성이 결핍된 상

짧다

탄력이 있다

목성구에

태양구가 발달해 있지 않다

월구가 좁다

두뇌선에 커브가 없고 표준 길이

186

❖ 애정운(愛情運)을 점(占)친다 ❖

　사람은 누구나 사랑을 소중하게 하려 한다. 그러나 그 표현 방법은 사람마다 상이(相異)하고, 그 결과도 천차만 별이다. 그러면 당신의 사랑은 어떻게 시작하고 어떤 결과로 매듭짓게 될 것인가?

애정운(愛情運)을 점(占)치는 요령(要領)

◉ **손가락을 펼쳐 내는 법과 손가락의 「curve」를 본다.** 의식적이 아니라 아무런 생각없이 손을 내민 상태의 손가락이 어떤 것이었느냐가 애정운을 암시한다. 약지(藥指)가 중지(中指)에 밀착하고 있는 한편, 인지(人指)와 중지의 사이가 어디에든 일부분일지라도 밀착되어 있지 않는 경우, 이 두 경우는 득연(得戀), 실연(失戀), 비련(悲戀) 등 결말의 「case」는 여러 가지이지만 반드시 사랑을 하고야 말 것이라고 본다.

◉ **장구(掌丘)를 본다.** 장구의 부푼 정도가 사랑을 말해주고 있다. 금성구와 월구의 살이 같은 정도의 높이인 부푼 상태를 지니고 있는 사람은, 꿈과 현실의 균형이 잘 잡혀 있어서 찾게 될 사랑도 멋진 것이 틀림 없다. 왜냐하면 금성구는 본능적인 사랑을, 월구는 ·정신적인 사랑을 각기 보는 장구(掌丘)이므로, 그 양쪽의 균형이 잘 잡혀 있다는 것은 육체와 정신이 합치한 사랑을 찾는 것임을 뜻한다. 즉 육욕(肉慾)에 빠질만한 사랑일지라도 과분수 사랑이 아닌 사랑을 바라는 것을 알 수 있다.

◉ **문선(紋線)을 본다.** 감정선, 금성대, 두뇌선의 세 선의 상태는 사랑을 볼 때에는 대단히 중요하다. 더욱이 감정선은 별명을 심정선, 애정선이라기도 하는 선이다. 이 세 선은 기본적으로 말해서 똑똑하고 미려하게 나와 있어서, 잘린 흠이나 난조가 없는 것이 길운(吉運)이라고 본다.

🫰 행복(幸福)한 사랑을 얻는 상(相)

● 감정선이 목성구와 토성구의 중간쯤에까지 뻗쳐있고 그 선단이 상향(上向)으로 되어있는 지선(枝線)이 인지(人指)와 중지(中指)의 중간쯤까지 뻗쳐 있다면 평화로운 애정생활을 보낼 수 있다. 또 그 지선이 세 가닥쯤 나와 있고 그것들이 제각기 상승 「curve」를 그리고 있는 것 같으면 그 사람은 다소 팔방미인격인 성격을 지니고 있으며, 좋은 연인(戀人)을 얻을 수 있다.

● 두뇌선의 선단이 갈려 있고, 가운데의 한 가닥이 상승하고 있다면 꿈과 현실의 균형이 잡힌 행복한 사랑을 얻을 수 있을 것이다.

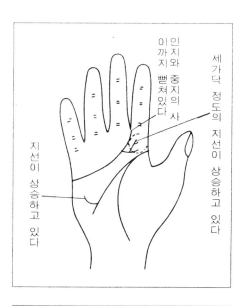

인지와 중지의 사이까지 뻗쳐있다

세 가닥 정도의 지선이 상승하고 있다

지선이 상승하고 있다

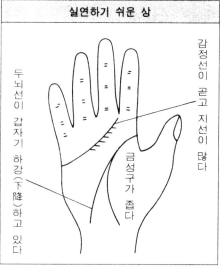

실연하기 쉬운 상

두뇌선이 갑자기 하강(下降)하고 있다

감정선이 곧고 지선이 많다

금성구가 좁다

♡연애결혼(戀愛結婚)을 하기 쉬운 상(相)

● 약지(藥指)가 중지(中指)쪽으로 부드럽게 「curve」를 그리며 그 기절(基節)이 다른 손가락의 각절(各節)보다 굵고 살집이 좋다면 연애에서 결혼으로 진전되는 상(相)이라 하겠다. 그것은 미적감각을 의미하는 손가락인 약지가 중지에 의지 하듯이 휘어져 있고 애정을 나타내는 기절(基節)의 풍부함이 사랑의 아름다움의 강도를 나타내고 있다.

● 태양구(예술·정신)와 수성구(연구·사교)가 풍부하면 교제술이 능숙하여 타인의 호감을 사게 되는 데서, 원만하게 연애에서 결혼으로 꼴인하는 Case가 많을 것이다.

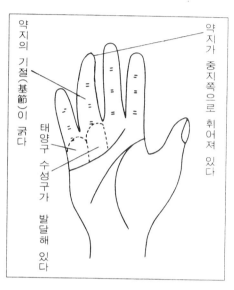

약지의 기절(基節)이 굵다

태양구 수성구가 발달해 있다

약지가 중지쪽으로 휘어져 있다

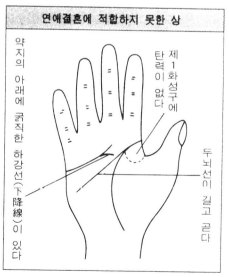

연애결혼에 적합하지 못한 상

약지의 아래에 굵직한 하강선(下降線)이 있다

제1화성구에 탄력이 없다

두뇌선이 길고 곧다

♡ 맞선결혼으로 행복(幸福)을 잡는 상(相)

● 인지가 중지쪽으로 완만하게 휘여지듯 의지하고 있는 것 같거나, 약지와 중지의 사이에 틈이 있거나 떨어져 있는 사람의 경우는, 맞선으로 좋은 반려(伴侶)를 얻을 수 있을 것이다. 또 인지와 약지의 기절(基節)을 비교했을 때 약지쪽이 모양에 관계없이 가느다란 경우는, 그 사람에게 적극적인 사교성이 없다고 보게 됨으로 맞선에 의한 결혼이 길(吉)하다고 본다.

● 양쪽 장구(掌丘)의 부풀어 오른 정도가 비슷하고 금성구만이 다른 장구보다 다소 높은 사람도 맞선 결혼으로 좋은 반려를 얻게 된다고 본다.

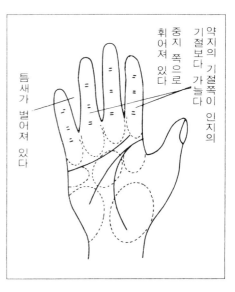

틈새가 벌어져 있다

중지쪽으로 휘어져 있다

약지의 기절쪽이 인지의 기절보다 가늘다

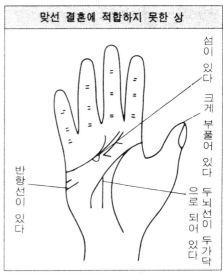

맞선 결혼에 적합하지 못한 상

반향선이 있다

섬이 있다

크게 부풀어 있다

두뇌선이 두가닥으로 되어 있다

🫰 다정 다감(多情多感)한 상(相)

● 감정선이 길게 뻗쳐 인지의 밑쪽인 목성구의 위쪽 부근까지 와 있고 두뇌선의 기점(起點)이 중지에서 선을 그어서 생명선과 부딪치고 있는 경우에는 정열적이며 다정 다감한 마음을 나타낸다.

● 두뇌선의 선단이 두 가닥 또는 세 가닥으로 되어 있고, 금성대(金星帶)가 뚜렷하게 궁상(弓狀)을 이루면서 잘린 곳이 없으면 대단한 정열가이다.

● 결혼선이 한 가닥만 강하고 길게 나와 있는 경우도 그 사람은 대단한 격정형(激情型)일 것이며 정에 얽매이기 쉬운 형이라 할 수 있다.

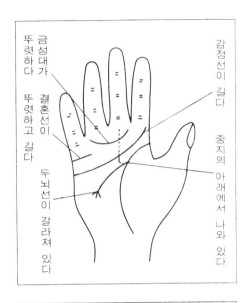

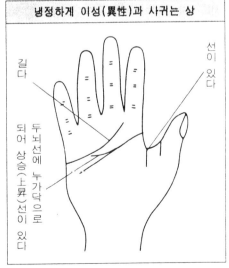

냉정하게 이성(異性)과 사귀는 상

사랑에 냉담(冷淡)하고 둔감(鈍感)한 상(相)

● 감정선이 극단적으로 짧은 상(相)은 박정하고 자기욕심만을 부리는 형으로서 남의 사정을 모르는 결점이 있다.

● 금성대(金星帶)가 없는 사람은 감수성이 둔하고 아름답고 갸날픈 사랑의 Melody를 연주하기에는 적당하지 못한 형이다.

● 감정선이 길고 더욱이 미려(美麗)하게 뻗쳐있을지라도 「curve」가 전혀 없거나 지선(枝線)이 보이지 않은 경우에는 사랑에 대하여 냉담한 것으로 본다. 지선은 이성(異性)에 대한 인상을 나타내는 것이므로 그것이 없다면 애정도 없다고 볼 수 밖에 없다.

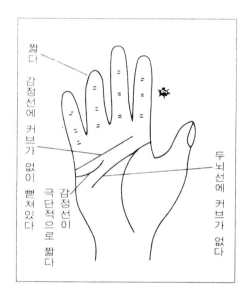

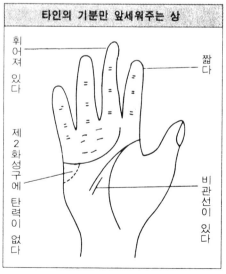

타인의 기분만 앞세워주는 상

💟 한 눈에 반하기 쉬운 상(相)

● 금성대는 별명 부감정선(副感情線)이나 부애정선이라고 일컬어지고 있으나 이것이 선명한 모양으로 새겨져 있는 사람은 사랑의 「melody」를 재빠르게 감득(感得)하는 사람이다.

● 감정선에서 몇 가닥이나 하강하고 있는 지선은 이성(異性)을 나타내는 것이므로 이것이 많을수록 그만큼 많은 사랑을 겪게 된다. 또한 많은 실연을 하게 될 것이다.

감정선이 토막 토막 잘려있어서 여기에서 하강하고 있는 지선이 있다면 불순한 애정을 나타내고 한눈에 반할지라도 마음 속으로부터의 사랑을 간직할 수 없는 상(相)이다.

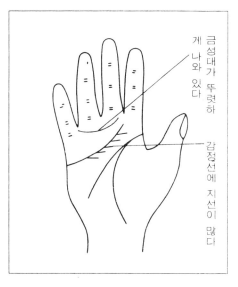

금성대가 뚜렷하게 나와 있다

감정선에 지선이 많다

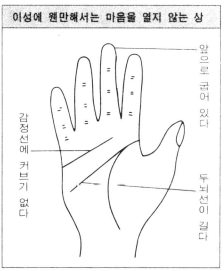

이성에 원만해서는 마음을 열지 않는 상

앞으로 굽어 있다

두뇌선이 길다

감정선에 커브가 없다

194

조혼(早婚)의 상(相)

● 수성구에 나와있는 가로선이 결혼선인데, 이 선이 몇 가닥인가 있는 경우는 그 중에서 가장 긴 선이 강하게 나와 있는 선을 주로 관찰한다. 이 결혼선이 감정선에 가까우면 가까울수록 「골인」이 빠른 것이다.

● 결혼선이 몇 가닥이나 있다고 할지라도 그것들이 모두 희미하고 뚜렷하지 않은 경우나, 그 결혼선 위에 가느다란 세로(縱)선이 나와 있는 경우는 결혼이 늦다고 본다. 결혼선은 일반적으로 짧을지라도 뚜렷하게 부각되어 있는 것을 길(吉)하다고 본다.

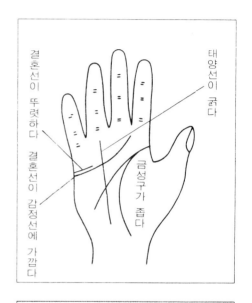

결혼선이 뚜렷하다 결혼선이 감정선에 가깝다

태양선이 굵다

금성구가 좁다

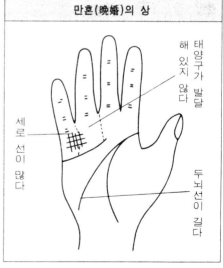

만혼(晩婚)의 상

태양구가 발달해 있지 않다

세로선이 많다

두뇌선이 길다

연하(年下)의 남성(男性)과 결혼(結婚)할 상(相)

● 금성구와 비교하여 월구(月丘)가 풍부하면 그 여성은 모성(母性)을 발휘하는 형이므로 연하(年下)의 남성과의 상성(上性)은 길운(吉運)이다. 또 연하의 남성과의 생활에서는 어느 정도 상대의 독선(獨善)을 참고 견딜 수 있어야 하겠는데 제2화성구가 발달되어 있으면 연상(年上)의 아내로서도 적격(適格)이다.

● 결혼선이 몇 가닥이나 되고, 그 중에 가장 긴 선을 중심으로 하여 그것보다 아래에 짧은 선이 두 세 가닥 있다면 연하의 인연을 맺을 상(相)이다. 그반대이면 연령의 차이가 많은 남성과 인연을 맺게 될 상(相)이다.

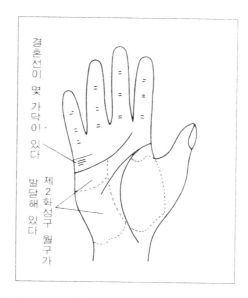

결혼선이 몇 가닥이 있다

제2화성구 월구가 발달해 있다

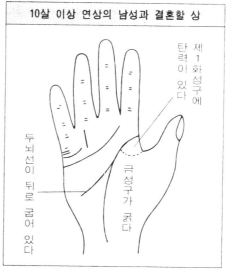

10살 이상 연상의 남성과 결혼할 상

제1화성구에 탄력이 있다

두뇌선이 뒤로 굽어 있다

금성구가 굵다

196

애정(愛情)에 빠지기 쉬운 상(相)

● 감정선의 선단이 갈라져 있고 그 중의 한 가닥이 중지(中指)의 아래쪽에서 갑자기 하강(下降)하고 있는 상(相)은 애정의 문제로 무리를 하거나 운세(運勢)의 흐름을 바꾸기 쉬운 것으로 본다. 즉 냉정, 침착하고 이지적(理智的)으로 애정을 조절하기 어렵다고 본다.

● 생명선과 평행(平行)하는 모양으로 길게 하강하고 있는 두뇌선의 소유자는 실현 불가능한 꿈이나 덧없는 희망에 얽매이기 쉽다.

● 금성대가 토막 토막이거나 도중에 섬이 있는 선은 무엇보다도 애정에 지배되기 쉬운 행동이 많은 것임을 뜻하는 것이다.

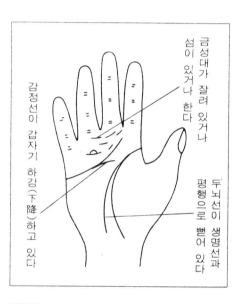

금성대가 잘려 있거나 섬이 있거나 한다

감정선이 갑자기 하강(下降)하고 있다

두뇌선이 생명선과 평행으로 뻗어 있다

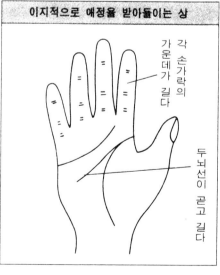

이지적으로 애정을 받아들이는 상

각 손가락의 가운데가 길다

두뇌선이 곧고 길다

꽃가마를 탈 상(相)

● 결혼선이 길게 뻗쳐 있고 태양선에 접하게 될 상(相)의 소유자라면 애정은 말할 것도 없고 지위나 명성, 재산도 있는 상대의 마음을 사로잡고 말 것이다. 즉 꽃가마를 타고 귀인이나 부자에게 시집가서 갑자기 훌륭한 안방 마님이 될 바랄 나위없는 결혼을 하게 될 것이다. 다만 이 결혼선이 곧바로 태양선에 접하고 있다면 좋은데, 하향(下向)으로 가로 지르는 상(相)인 경우는 전혀 반대일 것이다. 즉 결혼으로 말미암아 지금까지의 재산, 지위 등을 잃고 마는 흉운(凶運)을 뜻하는 것이므로 상대를 잘 골라야 할 것이다.

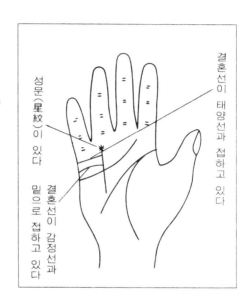

결혼선이 태양선과 접하고 있다

성문(星紋)이 있다

결혼선이 감정선과 밑으로 접하고 있다

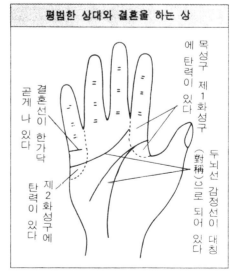

평범한 상대와 결혼을 하는 상

목성구 제1화성구에 탄력이 있다

결혼선이 한가닥 곧게 나 있다

제2화성구에 탄력이 있다

두뇌선 감정선이 대칭(對稱)으로 되어 있다

질투심(嫉妬心)이 강(强)한 상(相)

● 감정선이 길게 뻗쳐서 목성구를 가로지를 만한 상(相)은 정열가임을 나타내는 것인데, 횡단하고서도 더 길게 뻗쳐 있는 경우는 질투심이 강하다고 본다. 독점욕이 강하고 자기의 애정만을 생각하고 상대를 그릇되게 추측하는 성향(性向)이다.

● 두뇌선이 생명선과 떨어져 있고 목성구의 위쪽에서 나와 있는 그 끝쪽이 두 세 가닥으로 갈라져 있는 사람은 독선적인 데다가 「히스테리」의 소유자이다.

● 감정선이 두가닥 있는 것처럼 보일만큼 긴 결혼선은 상당히 중증(重症)인 질투심의 소유자라 본다.

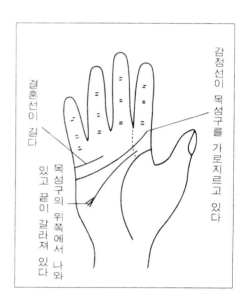

감정선이 목성구를 가로지르고 있다

결혼선이 길다

목성구의 위쪽에서 나와 있고 끝이 갈라져 있다

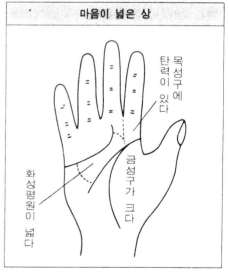

마음이 넓은 상

목성구에 탄력이 있다

금성구가 크다

화성평원이 넓다

♡ 부부생활이 위기(危機)에 처한 때의 상(相)

● 결혼선에서 하강 (下降)하는 지선이 나와 있을 때는 배우자가 병약(病弱)하여 고생하고 있는 현상이라고 본다.

● 결혼선이 약지 (藥指)와 새끼손가락 사이에서 하강하여 감정선에 접하고 있거나 혹은 감정선의 아래 선인 건강선에까지 이어져 버렸을 때는 부부생활의 적(赤)신호를 의미한다. 때로는 사별(死別)까지도 예측되는 비운(非運)을 뜻한다.

● 결혼선의 선단이 두 가닥으로 갈라져서 ㄱ 각도가 넓으면 배우자가 원인이 되는 문제로 애정에 금이 생긴다고 본다.

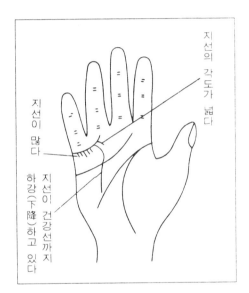

지선의 각도가 넓다

지선이 많다

지선이 건강선까지 하강(下降)하고 있다

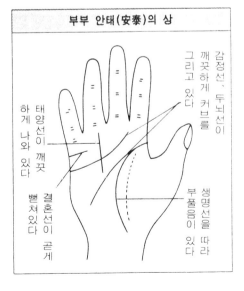

부부 안태(安泰)의 상

감정선、두뇌선이 깨끗하게 커브를 그리고 있다

태양선이 깨끗하게 나와 있다

결혼선이 곧게 뻗쳐 있다

생명선을 따라 부풀음이 있다

200

바람기, 불순이성(不純異性) 교유(交遊)의 상(相)

● 수성구가 풍부하게 발달되어 있고 결혼선 몇 가닥이 사행(蛇行)하고 있는 상(相)은 이성관계가 상당히 난잡한 것으로 본다. 게다가 감정선에 가느다란 하강선이 있고 감정선 자체가 짧다면 이성과의 불순한 정사(情事), 이를테면 유부남이라면 바람기가 많은 것을 나타낸다.

● 결혼선이 두개 있고, 그것이 갖추어 나와 있으면 그 중의 애정을 나타내며 그 어느쪽의 애정도 파탄되기 쉬운 것으로 본다. 즉 바람기로 인하여 결국은 양쪽 애정마저 다 잃게 될 것이다.

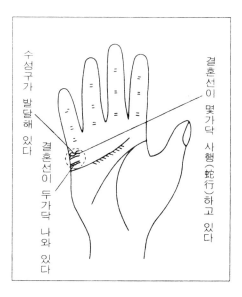

수성구가 발달해 있다

결혼선이 두가닥 나와 있다

결혼선이 몇가닥 사행(蛇行)하고 있다

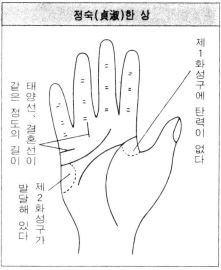

정숙(貞淑)한 상

태양선, 결혼선이 같은 정도의 길이

제2화성구가 발달해 있다

제1화성구에 탄력이 없다

섹스에 강한 상(相) 탐닉(耽溺)할 상(相)

● 금성구의 면적은 넓고 높게 솟구쳐 오를수록 성적본능이 강하고 정력적인 사람이라 본다. 따라서 당연히 Sex를 마음껏 향락할 수 있는 사람이다. 한편 여성의 골반의 근육은 금성구의 솟구쳐 오른 상태와 비례된다고 보는 것이므로 탄력이 있는 「히프」의 여성은 금성구도 풍부할 것이다.

● 감정선의 말단이 토성구의 저변(底邊)을 향하여 뻗쳐 있는 경우는 엽색상(獵色相)이라 일컬어지며, Sex를 대단히 호락(好樂)한다고 본다. 이와같은 사람은 매일 이성과의 교접(交接)이 없으면 불만을 느낄 정도라 하겠다.

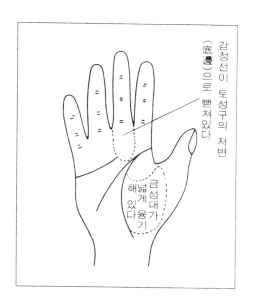

감정선이 토성구의 저변(底邊)으로 뻗쳐 있다

금성대가 넓게 있다

금성구 융기

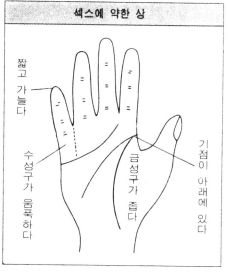

섹스에 약한 상

짧고 가늘다

수성구가 움푹하다

금성구가 좁다

기점이 아래에 있다

❖ 직업운(職業運)을 점(占)친다 ❖

이제부터 일자리를 찾으려는 사람, 현재의 직업이 아무래도 자기에게 맞지 않은 것이 아닌가 하고 생각하는 사람, 이런 사람들은 수상을 보게 됨으로써 뜻하지도 않았던 진로를 찾게 될 수도 있을 것이다.

직업운(職業運)을 점(占)치는 요령(要領)

◉ **무지(拇指)를 본다.** 무지(拇指)는 그 사람의 의지력이나 이성(異性), 표면상에 나타나는 인격 등을 볼 수 있으므로 직업과 결부시킬 수 있는 것이다. 이를테면 무지가 길고 생김새가 야무지며 힘차서 모양이 좋으면 상사(上司)의 각별한 돌봄을 받게 될 것이라고 본다. 그러므로 상사의 눈길과 자주 마주치게 될 일자리를 잡는 것이 바람직하겠다.

◉ **장구(掌丘)를 본다.** 목성구와 태양구가 비슷한 높이로 야무지며 힘찬 경우는 직업운으로서 길운(吉運)이라 한다. 또 목성구에 입구자(口)의 각문(角紋)이 없다면 차츰 신용이나 명예가 따르게 될 것이다. 한편 태양구에 섬문(島紋＝P)이 있는 상은 노력해도 인정을 받기 힘들 것이며, 더욱이 화성평원이 움푹 파져 있으면 더욱 그러하다.

◉ **문선(紋線)을 본다.** 두뇌선의 「curve」 장단 지선(枝線)은 직업운에 영향이 있다고 본다. 이를테면 완만하게 「curve」를 그리면서 선단이 갈라져 있다면 길운(吉運)이다. 감정선으로는 직장에서의 협조정신의 유무를 살필 수 있고, 선단에 지선(枝線)이 상향으로 생겨 있으면 타인과의 화(和)를 이룰 수 있다고 본다. 생명선이나 부생명선의 상태로는 임무에의 노력도(努力度), 정력의 발휘성 여부가 나타난다. 또 운명선으로는 운명의 발달이나 강약을 보게 되는데 직장에서의 그 사람의 운세(運勢)를 파악할 수 있다. 그밖에 태양선으로는 사교성을 보게 됨으로 사교성을 필요로 하는 직업을 택할 경우에는 꼭 살펴보지 않으면 안될 상(相)이다.

204

회사원형(會社員型)의 상(相)

● 다섯손가락 모두 길지 않고 약지와 소지가 표준보다 조금 짧은 사람은 화려함을 즐기지 않는 상식가로서 항상 화합하고 원만함을 좋아하는 사람이다. 즉, 집단생활에 융합되기 쉬운 성향(性向)이므로 회사원이 적격이다.

● 두뇌선이 생명선의 도중에서 나와서「curve」를 그리면서 하강하고 감정선은 토성구와 목성구의 중간까지 뻗쳐 있어서 선단이 갈라져 있다면 두뇌가 명석하고 신중파이며, 게다가 사교성, 협조성이 풍부하다고 본다.

● 운명선이 토성구에 강하게 부각되어 있다면 차근 차근한 형(型)으로서 만년운이 길(吉)함을 나타낸다.

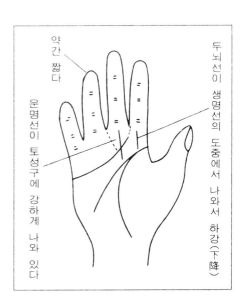

두뇌선이 생명선의 도중에서 나와서 하강(下降)
약간 짧다
운명선이 토성구에 강하게 나와 있다

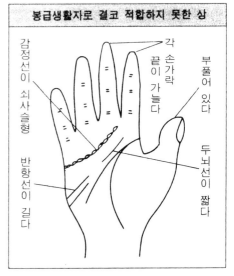

봉급생활자로 결코 적합하지 못한 상

감정선이 쇠사슬형
반항선이 길다
각 손가락 끝이 가늘다
부풀어 있다
두뇌선이 짧다

예술가(藝術家) 타입의 상(相)

● 약지가 길고 남 짓하게 발달되어 있 고, 다른 손가락도 표 준보다 긴 편이면서 손가락 끝이 가늘어진 모양이라면 마음의 꿈 이나 아름다움을 문자 나 색체로 표현하는데 뛰어나다고 본다.

● 두뇌선이 깨끗한 「curve」를 그리면서 월구까지 뻗쳐 있고, 운명선이 두뇌선에서 출발하고 있다면 길운 (吉運)이다.

● 태양구가 풍부하 고 깨끗한 태양선이 있고, 게다가 이 구 (丘)에 성문(星紋＝ ＊)이나 반지모양(○) 이 나와 있을 때는 예 술계에서 빛나는 성공 을 약속받고 있다고 하겠다.

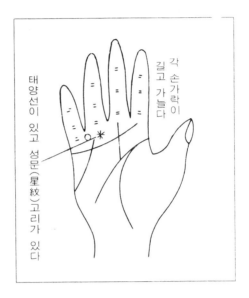

태양선이 있고 성문(星紋)고리가 있다

각 손가락이 길고 가늘다

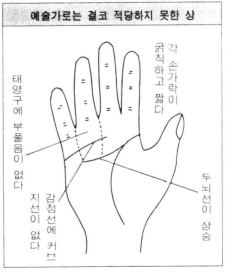

예술가로는 결코 적당하지 못한 상

각 손가락이 굵직하고 짧다

태양구에 부풀음이 없다

감정선에 커브 지선이 없다

두뇌선이 상승

예능계(藝能界)에서 성공(成功)하는 상(相)

● 전체 손가락 끝이 둥글거나 조금 가늘어져있고 유달리 약지가 긴 경우는 섬세한 미적 감각이 발달하고 있다고 본다. 예능계에 진출할 사람에게는 없어서는 안 될 조건이다.

● 월구에서 상승하는 운명선도 예능인에게 있을수록 좋은 선이다. 이 선이 있다면 이끌어주는 힘이 있음을 의미하는 것이다. 또 생명선에서 상승하는 태양선은 노력과 재능면에서 길(吉)하다.

● 금성대가 토막토막이면 대단한 정열가로서 감정의 표현이 풍부하다. 이것도 예능인에게 있어서는 크게 도움이 된다.

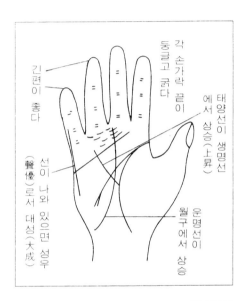

각 손가락 끝이 둥글고 굵다

긴 편이 좋다

태양선이 생명선에서 상승(上昇)

선이 나와 있으면 성우(聲優)로서 대성(大成)

운명선이 월구에서 상승

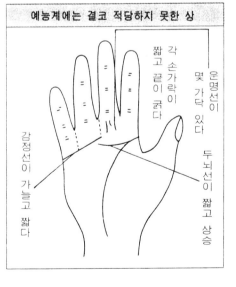

예능계에는 결코 적당하지 못한 상

각 손가락이 짧고 끝이 굵다

운명선이 몇 가닥 있다

감정선이 가늘고 짧다

두뇌선이 짧고 상승

학자(學者)나 교육자(敎育者)에 맞는 상(相)

● 두뇌선의 기점(起點)이 생명선의 도중이거나 혹은 같은 것이라면 이 직업에 알맞다. 더욱이 두뇌선이 지나치게 상승하지 아니하고 지나치게 하강하지 않고 손바닥의 중앙에 뚜렷하게 새겨져 있다면 이상과 현실의 균형이 잡혀있는 증거이므로, 끈기있게 이 길을 정진하면 크게 성공할 것이다.

● 감정선이 완만하게 「curve」를 그리며 목성구와 토성구의 중간까지 뻗어 있다면, 정열과 애정을 가지고, 남을 지도할 것이다.

● 운명선, 태양선이 난조없이 나와 있고, 생명선에서 조그마한 상승선(노력선)이 많이 있으면 길운(吉運)이다.

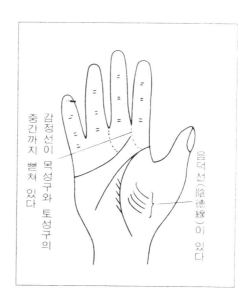

감정선이 목성구와 토성구의 중간까지 뻗쳐 있다

음덕선(陰德線)이 있다

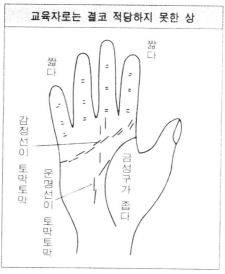

교육자로는 결코 적당하지 못한 상

짧다

짧다

감정선이 토막토막

운명선이 토막토막

금성구가 좁다

과학자(科學者)등 이공계(理工系)에 맞는 상(相)

● 두뇌선이 길고 그 기점이 생명선에서 나와서 곧게 제2화성구나 월구(月丘) 윗부분의 부근을 향하고 있으면 정확한 판단과 이지(理智)에 의하여 미지(未知)의 사항을 해명하기 위하여 노력하므로 과학자에 알맞다.

● 소지가 표준보다 길고, 휘어져 있지 않는 경우로 가운데 마디가 길고 풍부하면 연구심과 이지성(理智性)이 강하게 발휘된다. 또 소지의 끝마디에서 가운데마디, 밑마디(基節)에 걸쳐서 직선이 나와 있을 때는 과학적 발견을 할 것이다.

● 수성구의 ○문(紋), △문은 연구가 완성, 성공함을 나타내는 길문(吉紋)이다.

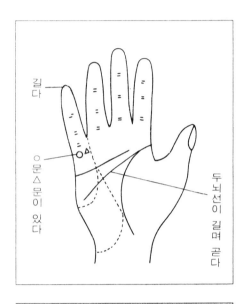

길다

○문△문이 있다

두뇌선이 길며 곧다

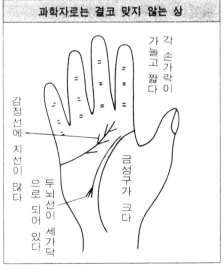

과학자로는 결코 맞지 않는 상

각손가락이 가늘고 짧다

감정선에 지선이 많다

두뇌선이 세가닥으로 되어 있다

금성구가 크다

⚒ 장사 외교원(外交員)에 맞는 상(相)

● 두뇌선의 끝이
「curve」를 그리면서 상
승하고 있거나 그 끝이
두 가닥으로 나뉘어서
그 한 가닥이 수성구를
향하여 위로 「curve」를
그린듯 굽어있는 사람
은 놀랄만큼 장사가 능
숙하다.

● 감정선이 「curve」를
그리고 있으면 대인관계
가 온화함을 나타내는
것이다. 또 감정선의 끝
이 세 가닥 쯤으로 나뉘
어져 있다면 누구에게나
비위를 잘 맞추는 형이
므로 상거래도 원만하게
이루어질 것이다.

● 제2화성구가 알
맞게 발달되어 있는 사
람은 인내심이 강함을
나타낸다. 부지런하고
끈기있게 전진할 것이
므로 장사에 있어서 길
(吉)하다.

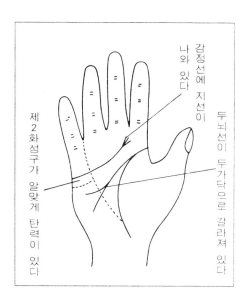

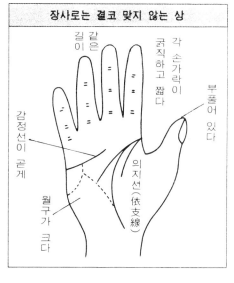

장사로는 결코 맞지 않는 상

해외(海外)로 나가 성공(成功)할 상(相)

● 무지(拇指)가 길고 굵으며 야무진 경우는 고난을 극복할 수 있는 강인함을 나타내며, 게다가 성문(星紋=※)이 있다면 억척같은 의지로 꿈을 성취하고야 말 것이므로, 이러한 상(相)이 있다면 해외로 비약하더라도 성공할 것이다.

● 감정선의「curve」가 적고 그 길이가 토성구 부근에서 멈출만큼 짧으면 일시적 감정에 흐르는 경향이 별로 없고 미지(未知)의 땅에서도 잘 적응하게 될 것이다.

● 목성구가 풍부하고 야심선이 뚜렷하면 행동력이 넘치고 있음을 의미한다.

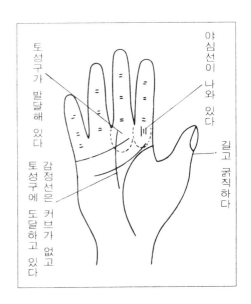

토성구가 발달해 있다

감정선은 커브가 없고 토성구에 도달하고 있다

야심선이 나와 있다

길고 굵직하다

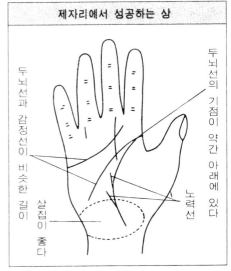

제자리에서 성공하는 상

두뇌선과 감정선이 비슷한 길이

살집이 좋다

두뇌선의 기점이 약간 아래에 있다

노력선

일국일성(一國一城)의 주인(主人)이 될 상(相)

● 몸집에 비교하여 손이 작은 사람쪽이 큰 사업에 도전하게 되는 것이다. 다만 일국일성(一國一城)의 주인이 되려면 확고한 지배력이 필요하지만 그것은 목성구가 야무지고 힘차야 한다.

● 두뇌선의 기점(起點)이 생명선과 같고 2중두뇌선이 그 위로 약간 떨어져 있고 그 끝단이 상승하고 있으면 길운(吉運)이다.

● 무지(拇指)가 굵고 길며 더욱이 그림처럼 두 가닥의 선이 있다면 금운(金運), 지배운이 강한 상(相)의 하나이다. 이와같은 사람의 경우도 독립하여 사업을 영위하면 좋을 것이다.

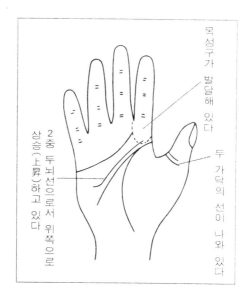

목성구가 발달해 있다

두 가닥의 선이 나와 있다

2중 두뇌선으로서 위쪽으로 상승(上昇)하고 있다

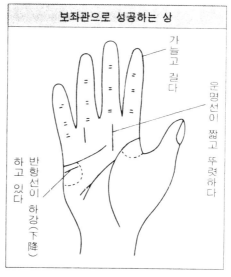

보좌관으로 성공하는 상

가늘고 길다

운명선이 짧고 뚜렷하다

반항선이 하강(下降)하고 있다

물장사로 성공(成功)하는 상(相)

● 수성구가 풍부하다는 것은 말솜씨, 손재주로 사람들을 끌어당기는 매력이 있고 장사를 잘할 수 있음을 나타낸다. 다방·요식업 같은 접객업으로 성공하는데는 다시없이 좋은 상(相)이다.

● 소지(小指)가 길어야 하는 것도 중요한 조건으로서 기회를 잡는데 재빠르고 잡은 기회를 멋지게 활용할 수 있을 것이다.

● 제2화성구에서 상승하는 태양선이 있다면 소자본으로도 노력하면 성공할 수 있다. 또 금성대가 토막토막 잘려 있으면 애교가 있다는 상이다. 이것도 또한 물장사에 있어서 득(得)이 되는 상이다.

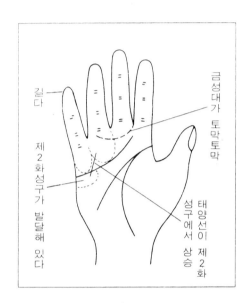

길다

제2화성구가 발달해 있다

금성대가 토막토막

성구에서 상승

태양선이 제2화

건실한 상업으로 성공하는 상

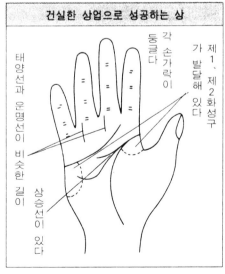

태양선과 운명선이 비슷한 길이

각 손가락이 둥글다

제1, 제2화성구가 발달해 있다

상승선이 있다

전직(轉職)을 자주하는 상(相)

● 제2화성구는 인내력을 보는 곳인데 여기가 움푹 들어가 있는 사람은 무슨 일이나 불완전하고 싫증을 내기 쉬운 성격이다. 즉, 직업도 자주 바꾸기 쉽다고 할 수 있다.

● 운명선에서 보면 한 가닥의 뚜렷한 근육의 섬유가 없고 토막토막이 되어 있는 사람이 역시 전직하기 쉽다고 본다. 이것은 자기의 인생에 대하여 깔끔하게 정돈된 생각을 지니고 있지않은 증거이기 때문이다.

● 태양선이 몇 가닥이나 나와 있거나 사행(蛇行)하고 있으면 대인관게는 좋겠으나 줏대가 없는 것을 나타내는 것으로 본다.

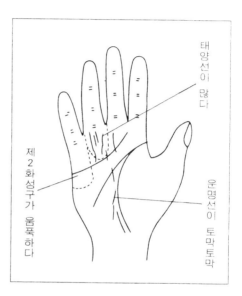

태양선이 많다

운명선이 토막토막

제2화성구가 움푹하다

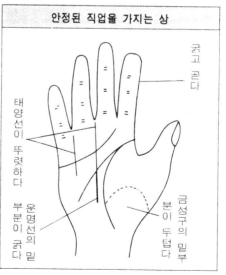

안정된 직업을 가지는 상

굵고 곧다

태양선이 뚜렷하다

부분이 굵다

운명선의 밑

금성구의 밑부분이 두텁다

🔨 사회복지(社會福祉)에 맞는 상(相)

● 월구가 풍부한 사람은 정신적인 마음의 풍부함이나 상냥함을 지녔다. 더욱이 태양구가 풍부하거나 약지(藥指)가 길고 살집이 좋은 사람은 미와 행복에 관심도가 높다고 하겠다. 이와같은 상(相)을 지녔다면 복지관계의 일에서 활약이 기대된다.

● 각 손가락의 끝마디가 긴 사람은 정신적인 충실을 추구함으로 사회복지 사업에 적격이라 하겠다.

● 음덕선(陰德線)은 조상의 덕을 입고 있다고 본다. 그러므로 이 선이 있으면 안정된 생활과 직장생활에서의 길운(吉運)을 나타낸다.

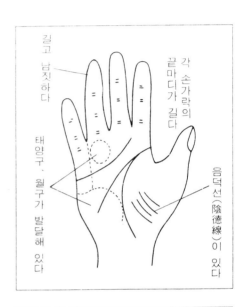

길고 남짓하다

끝마디가 길다

각 손가락의

태양구·월구가 발달해 있다

음덕선(陰德線)이 있다

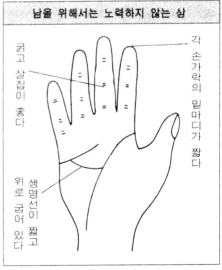

남을 위해서는 노력하지 않는 상

굵고 살집이 좋다

각 손가락의 밑마디가 짧다

생명선이 짧고

위로 굽어 있다

프로·스포츠에 맞는 상(相)

● 무엇보다도 운명선이 월구(月丘)에서 올라있고 뚜렷하게 새겨져 있으면「프로 스포츠맨」이 되기 위해서는 필요한 상(相)이다.

● 또한 그 운명선과 금성구에서 상승하고 있는 선(副運命線)이 겹쳐 있거나 중지(中指)를 향하여 굵고 길게 상승하고 있으면 좋을 것이다. 이것은 인기를 얻는 것과 충분한 체력을 아울러 구비하는 상(相)이므로 프로 스포츠계로 진출하기 위해서는 꼭 있어야 할 상(相)이라 하겠다. 아마추어와 달라서 프로인 경우에는 인기를 얻는 것이 절대로 필요한 조건인 것이다.

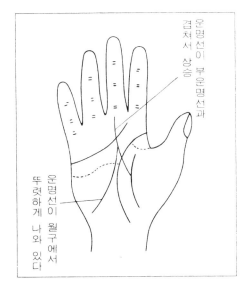

운명선이 부운명선과 겹쳐서 상승

운명선이 월구에서 뚜렷하게 나와 있다

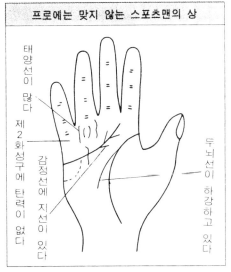

프로에는 맞지 않는 스포츠맨의 상

태양선이 많다

제2화성구에 탄력이 없다

감정선에 지선이 있다

두뇌선이 하강하고 있다

❖ 건강장수운(健康長壽運)을 점친다 ❖

무엇을 하더라도 우선 건강해야 하고 장수(長壽)하지
않으면 안된다. 그러기 위해서는 자기 자신의 몸의 어디
에 약점이 있는가를 알고, 미리부터 조심을 하는 것이 중
요한 것이다.

건강장수운(健康長壽運)을 점(占)치는 요령

◉ **손 전체의 균형을 본다.** 손의 폭이 유달리 좁고 얇은 손인 사람이나, 장구(掌丘)가 발달되지 못했는데, 화성평원이 움푹 파져있는 사람은 체력 부족에 조심하여야 한다.

◉ **손톱을 본다.** 손톱의 종류에는 보통 손톱(普通爪), 큰 손톱, 짧은 손톱, 폭이 넓은 손톱, 폭이 좁은 손톱, 작은 손톱, 조개 모양 손톱, 변형 손톱 등이 있다. 이러한 손톱의 형태는 건강을 점치는 데 있어서 빠뜨려서는 안된다.

◉ **장구(掌丘)를 본다.** 금성구는 건강과 정력을 의미하므로 그 장도(張度)의 상태를 본다. 기본적으로는 남짓한 편이 건강하다. 또 각구(各丘)의 착색 상태로서는 암몽색(暗蒙色)이면 적신호(赤信號)이다.

◉ **손금(문선＝紋線)을 본다.** 생명선, 부생명선, 건강선, 감정선, 두뇌선 등의 길고 짧음, 난조(亂調), 잘린 상태, 흠, 섬 등은 모두 건강 장수에 대하여 증언하고 있는 것이다. 이를테면 생명선은 수명에 대하여, 두뇌선은 신경계, 감정선은 순환기계를 제각기 표현하는 것이다. 이러한 손금은 기본적으로는 미려하고 뚜렷하게 새겨져 있고 난조나 잘린 곳이 전연 없거나, 흠이나 섬이 없는 것을 길운(吉運)으로 본다. 그러나 한 손금만으로 모든 것을 알 수는 결코 없다. 다른 손금이나 손의 상태 등을 두루 살펴서 판단하지 않으면 안된다. 이를테면 수명을 볼 때에는 생명선만을 보고 판단 한다는 것은 속단이다. 생명선은 수명에 관해서 중요한 표현을 하고 있지만 그것이 모든 것을 종합한 것은 아닌 것과 같은 것이다.

장수형(長壽型)의 상(相)

● 생명선은 굵고 길게 뻗쳐 있고, 두뇌선은 흠이없이 뚜렷하게 새겨져 있는 상(相)이라면 장수(長壽)한다고 본다. 또 생명선이 가늘지라도 길고 두뇌선이 굵고 길며, 미려(美麗)한 상(相)이라면 또한 장수한다고 본다.

● 생명선이 짧을지라도 그 선단부에서 상승하는 선이 운명선과 이어져 있거나, 생명선의 선단을 양쪽에서 도우듯이 손금(紋線)이 나와 있다면 단명(短命)이 아니다.

● 생명선이 잘려 있을지라도 그 부분이 자매선 혹은 각문(角紋)으로 에워싸여 있다면 단명(短命)이 아니다.

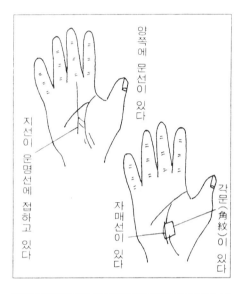

양쪽에 문선이 있다

지선이 운명선에 접하고 있다

자매선이 있다

각문(角紋)이 있다

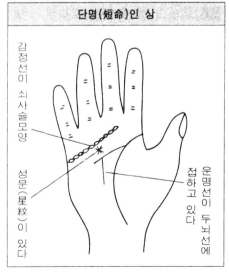

단명(短命)인 상

감정선이 쇠사슬모양

성문(星紋)이 있다

운명선이 두뇌선에 접하고 있다

병약(病弱)한 상(相)

● 반달(손톱 밑부분에 있는 흰색의 조그마한 부분)이 어느 손톱에도 전연 없는 사람은 사소한 신병에도 곧잘 누워버리게 된다. 또 반달이 다섯 손가락 가운데서 한 두 곳에만 있는 경우에는 겉 보기는 건강해 보여도 의외로 허약한 곳이 있다고 본다.

● 반달의 아래 위의 길이는 손톱 길이의 5분의 1정도인 것이 가장 좋은 상태이다. 이것보다 더 길면 도리어 병약함을 나타내고 있다고 본다.

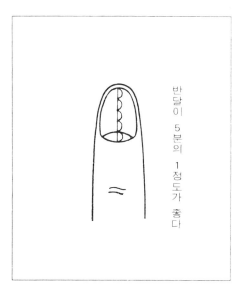

반달이 5분의 1정도가 좋다

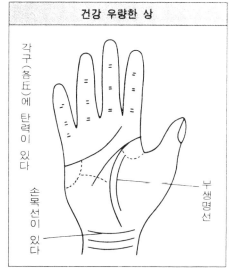

건강 우량한 상

각구(各도)에 탄력이 있다

손목선이 있다

부생명선

척추병(脊椎病) 견병(肩病) 신경통에 걸리기 쉬운 상

● 손톱의 폭이 대단히 좁고 게다가 긴 경우를 협조(狹爪)라 하는데, 이 모양의 손톱을 가진 사람은 척추병에 걸리기 쉬운 것으로 본다.

● 협조(狹爪)로서 손톱이 부드럽고 무르면 「칼슘」의 부족인 탓인데 골절상에도 조심해야 한다. 또 손톱이 아주 얇고, 게다가 굽어 있는 사람은 등뼈에 이상이 일어나기 쉽고 그로 인해서 견통(肩痛)이 있기 쉽겠다.

● 평탄하고 짧은 손톱을 패조(貝爪)라 하는데 역삼각형인 패조는 관절의 질환이나 신경통에 걸리기 쉬운 상이라 본다.

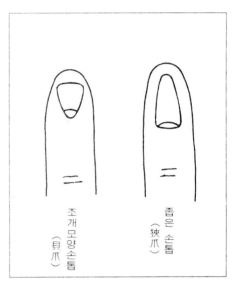

조개모양손톱(貝爪) 좁은 손톱(狹爪)

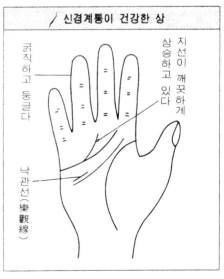

／ 신경계통이 건강한 상

굵직하고 둥글다

지선이 깨끗하게 상승하고 있다

낙관선(樂觀線)

☝️ 소화기계(消化器系)가 강한 상(相)

● 목성구는 소화계를 의미하는 장구(掌丘)이므로, 이 장구의 착색이 연한 쥐색인 경우는 적(赤)신호라 생각하면 된다.

● 생명선의 중간쯤에 섬문(島紋)이 있는 사람은, 만성인 소화기계의 질병으로 고생하기 쉽다고 본다.

● 생명선의 기점(起點) 근방에 연한 쥐색이 나와 있다면 현재 그 사람의 위장이 좋지 않음을 나타내는 것이다.

● 건강선이 토막토막으로 나와 있는 상(相)은 그 사람이 소화불량형임을 나타내고 있음으로 주의가 필요하다.

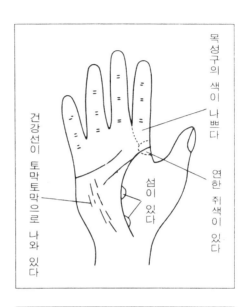

목성구의 색이 나쁘다

연한 쥐색이 있다

건강선이 토막토막으로 나와 있다

섬이 있다

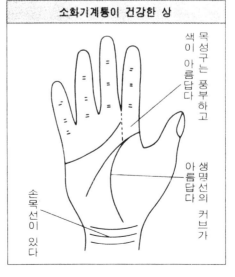

소화기계통이 건강한 상

목성구는 풍부하고 색이 아름답다

생명선의 커브가 아름답다

손목선이 있다

심장(心臟)이 약(弱)한 상(相)

● 감정선이 쇠사슬 모양이고 건강선의 선단이 생명선 안으로 들어와 있을 때는, 심장의 질환에 주의가 필요하다.

● 생명선이 쇠사슬 모양이고, 감정선이 토막 토막으로 잘려 있는 데다가 건강선과 감정선이 접촉하고 있는 부근에서 빨간색을 나타내고 있을 것 같으면 역시 심장 질환이 있다고 본다.

● 초승달 또는 손톱의 착색이 빨간색을 띠고 있을 것 같으면 순환기계에 주의할 필요가 있다. 게다가 감정선이 잘려 있거나 섬(島)이 되어 있을 것 같으면 적신호이다.

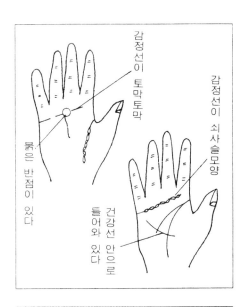

감정선이 토막 토막

감정선이 쇠사슬 모양

붉은 반점이 있다

건강선 안으로 들어와 있다

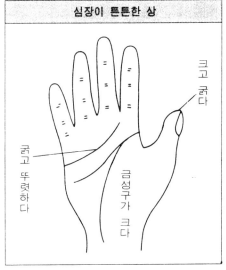

심장이 튼튼한 상

크고 굵다

굵고 뚜렷하다

금성구가 크다

간장(肝臟), 신장(腎臟)에 요주의의 상(相)

● 건강선이 비뚤어져 있거나 파상(波狀)이거나 불규칙한 상태일 것 같으면 간장이나 담낭에 질환이 있을 것 같다.

● 월구(月丘)의 밑부분에 정자문(井字紋)이나 십자문이 있고 거기에 생명선을 횡단한 장해선이 있으면, 신장병에 주의가 필요할 뿐만 아니라 여성인 경우는 부인병이 걱정되므로 주의해야 한다.

● 감정선상에서 약지(藥指)의 아랫부근에 섬이 이루어져 있는 사람은 신장질환에 유념해야 하겠으며, 몸의 위치로는 멀리 떨어져 있으나 안질에도 주의가 필요하다.

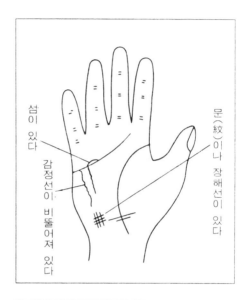

섬이 있다
감정선이 비뚤어져 있다
문(紋)이나 장해선이 있다

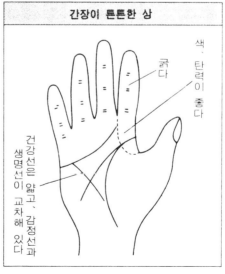

간장이 튼튼한 상

굵다
색, 탄력이 좋다
건강선은 얇고, 감정선과 생명선이 교차해 있다

224

 신경쇠약(神經衰弱)이 되기 쉬운 상(相)

● 두뇌선이 토막 토막으로 잘려있고, 감정선이 길게 뻗쳐있는 상(相)은 유달리 신경성 발작(히스테리) 증상을 일으키기 쉽거나 병적으로 화를 잘 내는 것을 나타낸다.

● 두뇌선이 쇠사슬 모양으로 되어 있으면 사소한 일로도 화를 내기 쉬운 데다가 두통증을 지니고 있는 것으로 본다.

● 두뇌선의 하강(下降)곡선이 대단히 강하고 그 말단이 생명선을 횡단할 만큼 뻗쳐 있는 사람의 경우는 만성의 우울증이 되기 쉬운 경우가 자주 있는 것으로 본다.

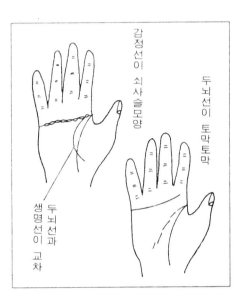

감정선이 쇠사슬모양

두뇌선이 토막토막

두뇌선과 생명선이 교차

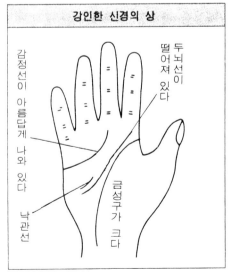

강인한 신경의 상

감정선이 아름답게 나와 있다

두뇌선이 떨어져 있다

금성구가 크다

낙관선

암(癌)에 요주의(要注意)의 상(相)

● 생명선의 상부나 중부, 또는 건강선의 중부에 몇 개의 섬이 깊고 뚜렷하게 생겨 있는 경우는 소화기계의 암의 주의가 필요하다. 이들 섬이 흑다색(黑茶色)인 경우에도 마찬가지로 주의를 해야 한다.

● 생명선의 밑부분에서 갈라진 지선(枝線)에 섬이 있고 건강선의 밑부분에도 섬이 있을 때는 생식기계에 암이 생기기 쉽다.

● 건강선 위에 섬이 있고 그 선도 토막 토막으로 잘려 있거나 손톱이 둥글게 부풀어 올라서 손가락 끝 방향으로 만곡(灣曲)하고 세로로 가늘고 긴 줄기가 나와 있으면 호흡기계의 암의 주의가 필요하다.

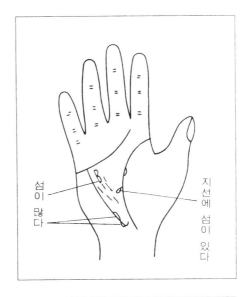

섬이 많다

지선에 섬이 있다

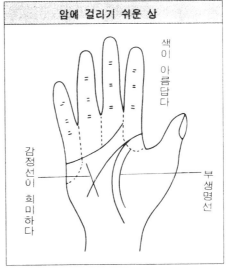

암에 걸리기 쉬운 상

색이 아름답다

감정선이 희미하다

부생명선

불임증(不姙症)의 경향(傾向)이 있는 상(相)

● 폭이 넓은 손톱(幅爪)이란 손톱의 세로의 길이가 3인데 대하여, 가로의 길이가 5의 비로 되어 있는 손톱의 모양이다. 여성으로서 이와같은 넓은 폭의 손톱인 사람은 불임(不姙)으로 자식복이 없다고 볼 수 있다. 더욱이 폭이 넓은 정도가 심하고 짧은 손톱인 사람일수록 이 경향이 있다.

● 폭 넓은 손톱에다가 손목선이 손바닥 쪽으로 만곡(灣曲)하고 있으면 더욱 더 불임의 표시가 강하게 된다. 이와같은 상(相)인 사람은 홀몬의 상태를 좋게 하도록 마음을 써야 하겠다.

손목선이 있다

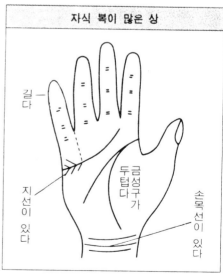

자식 복이 많은 상

길다

지선이 있다

두금 텁성 다구 가

손목선이 있다

고혈압(高血壓), 중풍(中風)에 주의(注意)할 상(相)

● 짧은 손톱(短爪), 작은 손톱(小爪), 또는 폭이 넓은 손톱(幅爪)이며, 손톱이 빨간색이라면, 혈압에 조심할 일이다. 더욱이 연배(年配)의 사람이 이 상(相)을 하고 있으면 고혈압에 주의가 필요하다.

● 월구(月丘)의 소지(小指)쪽 하부변(下部邊)이 유달리 낮아지고 있는 상태일 때는 뇌일혈을 일으키기 쉬운 때다.

● 제2화성구에서 월구에 걸쳐서 약간 탁한 연다색(軟茶色)이 섞인 색이 나와 있다면 중풍의 주의 신호라고 생각하면 된다. 이것은 나이 많은 사람은 특히 조심해야 될 상(相)의 하나이다.

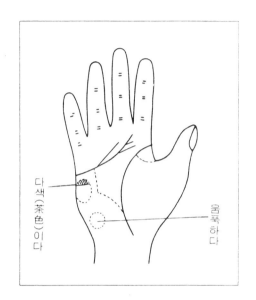

다색(茶色)이다

움푹하다

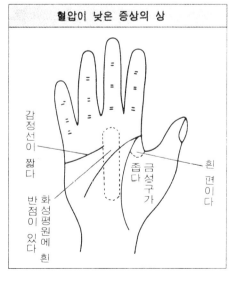

혈압이 낮은 증상의 상

감정선이 짧다

반점이 있다

화성평원에 흰

좁다 금성구가

흰 편이다

호흡기계(呼吸器系)에 요주의 상(相)

● 큰 손톱이란 손가락의 끝마디의 2분의 1보다도 긴 손톱을 말하지만 이와같은 손톱인 사람으로서 수형(手型)에 관계없이 손가락이 가늘면 폐(肺), 인후(咽喉), 기관(氣管)이 허약하다.

● 큰 손톱으로서 둥글고 크며, 조개껍질을 엎어 놓은 듯한 손톱을 다시 결핵조(結核爪)라 하는데 이와같은 손톱인 사람으로서 건강선 상부에 섬이 있다면 폐결핵에 조심할 일이다.

● 가로 세로의 비율이 3대 5 정도의 긴 손톱이며, 손톱의 표면에 세로줄이 강하게 많이 나와 있을 때는 호흡기계의 질병에 유의해야 한다.

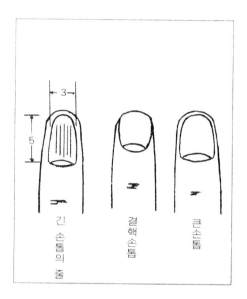

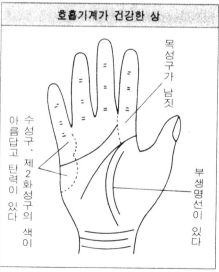

호흡기계가 건강한 상

돌발성(突發性)신경통(神經痛), 간질의 상(相)

● 두뇌선이 비록 길지라도 그 선의 선단에 성문(星紋＝＊)이 있는 경우는 돌발성 신경증 등의 신경계의 질환에 조심하지 않으면 안된다.

● 두뇌선상에 두 세개의 섬이 있는 경우도 역시 신경증에 대한 조심이 필요하다고 본다. 또한 이 경우의 섬은 단적으로 큰 것이라야만 그런 것이 아니다. 작을지라도 깊게 뚜렷한 쪽이 보다 강한 의미를 표현한다.

● 감정선과 두뇌선 사이의 부분에 둥근 문(紋)이 몇 개 있는 사람은 간질질환일 수도 있겠다.

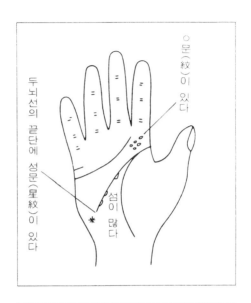

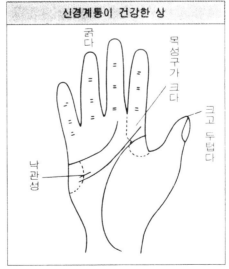

신경계통이 건강한 상

230

 재난(災難)에 의한 부상(負傷)의 상(相)

● 토성구에 섬이 있고 더욱이 그 섬에서 선이 하강하여 생명선을 횡단하고 금성구까지 들어가 있으면 뜻하지 않는 재난으로 부상을 당할 수도 있다.

● 두뇌선에 성문(星紋 = ＊)이나 ×문이 있는 경우는 두부(頭部)의 부상에 조심하지 않으면 안될 상(相)이다. 두부에 입는 부상은 때로는 생명에 관계될 수도 있으므로 각별한 조심이 필요하다.

● 운명선의 선단이 토성구에 있는 별에서 멈추어 있을 것 같을 때는 뜻하지도 않은 재난에 부딪쳐서 부상을 하게 되는지 모른다.

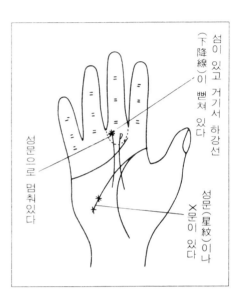

섬이 있고 거기서 하강선(下降線)이 뻗쳐 있다

성문으로 멈춰있다

성문(星紋)이나 ×문이 있다

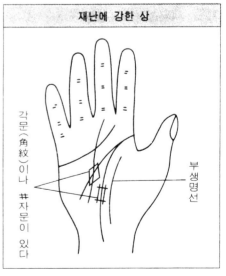

재난에 강한 상

각문(角紋)이나 ＃자문이 있다

부생명선

급한 성미나 싸움에 의한 부상(負傷)의 상(相)

● 중지(中指)가 굽어 있거나 중지에 점이 있는 경우는 그 사람의 급한 성미가 원인이 되어 부상을 당할 상(相)이다.

● 화성평원(火星平原)안에 동그란 문(紋)이나 +자문이 있는 사람은 남의 흠을 찾아 헐뜯는 심술이 원인이 되어 싸우다가 부상을 입게 될 것이다.

● 제2화성구에 반항선이 몇 가닥 나와 있는 데다가 점이 있거나, ×문이 있거나 하는 상(相)은 툭하면 성미가 급한 나머지 곧잘 남과 싸움을 잘 한다. 그 결과로 가정 평화를 일으키거나 자기도 부상을 입기 쉽다고 본다.

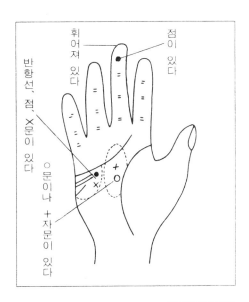

휘어져 있다 / 점이 있다 / 반항선, 점, ×문이 있다 / ○문이나 +자문이 있다

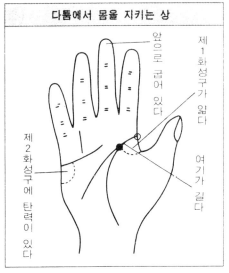

다툼에서 몸을 지키는 상

앞으로 굽어 있다 / 제1화성구가 얇다 / 여기가 길다 / 제2화성구에 탄력이 있다

❖ 재운(財運)을 점(占)친다 ❖

돈 복이 있어서 잘 지내기도 하는 사람이 있는가 하면, 땀흘려 노력하는 데도 가난하기만 한 사람도 있다. 돈 복이 곧 행복일 수는 없겠으나 없는 것보다 있는게 두말할 나위없이 좋은 것이 재운(財運)인 것이다.

재운(財運)을 점(占)치는 요령(要領)

◉ **손모양(手相)으로 본다.** 사각형은 근면하고 경제관념이 잘 발달되어 있고 헛돈을 쓰지 않는다는 재운(財運)이 있는 손이다. 주걱형은 돈벌이가 능란한 손이다. 아이디어를 짜 내거나 해서 사업을 일으킨다. 원추형은 낭비가형이다. 사교가 능란한 점을 살린다면 재운을 잡을 것이다. 첨두형은 금전에의 관심은 강하지만 실무적인 재산관리가 서툴어서 재운을 멀리하기 쉽다. 원시형은 외골인 성미로 융통성이 없는 형이어서 돈벌이는 능란하지 못하다. 한푼, 두푼 저축하여야 하겠다. 혼합형은 손재주 입솜씨가 능란해서 이모 저모로 돈벌이에 뛰어들지만 재간이 있는데 비하여 성공하지 못하고 가난을 면하지 못한다. 결절형은 금전에 별로 집착심이 없는 상이다. 될 수 있으면 재운이 강한 손모양의 사람과 짝을 이루는 것이 현명한 일이다.

◉ **손가락으로 본다.** 무지(拇指)와 소지가 단단해야 한다. 이것은 의지가 강하고, 장사도 능란하고 재운을 잡을 수 있는 상이다. 만약 무지와 소지가 가늘고 게다가 두 개 이상의 장구(掌丘)가 남짓하다며는 재운과 인연이 있는 것으로 본다.

◉ **장구를 본다.** 목성구, 태양구, 수성구가 금전운에 관계하는 장구이지만 그 중에 두날 이상의 장구가 남짓하면 금전운에 인연이 있다고 본다.

◉ **손금(문선=紋線)으로 본다.** 생명선과 두뇌선의 기점(起點)이 떨어져 있으면, 적극성이 있고, 뱃심과 실행력도 겸비하게 되므로 그 밖의 재운이 가중되는 것이 되어 크게 기대할 수 있다.

🛍️ 재산가(財産家)가 될 상(相)

● 약지(藥指)의 맨 아랫마디에 동그라미문(○)이 있다면 명예와 함께 부(副)도 얻을 수 있을 것이다. 또 약지의 가운데 마디에 이 동그라미 문이 있으면 결국 대성공으로 재운(財運)을 잡게 될 것이다.

● 소지(小指)를 향하여 뻗쳐 있는 선을 재운선이라고도 하는데 이 선은 많이 있어도 길운(吉運)에 변함이 없다. 또 재운선이 소지와 약지의 중간에 길게 뻗쳐 있고 그 선단이 손가락과 손가락 사이로 빠지지 않은 경우는 뜻밖에 큰 재물을 잡는다. 그러나 너무 길게 뻗쳐 버리고 손가락 사이로 빠져 버렸다면 그렇지 않다.

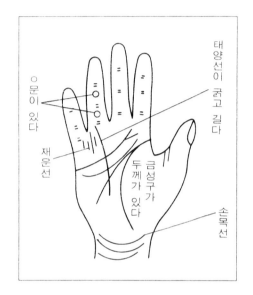

태양선이 굵고 길다
○문이 있다
재운선
두께가 있다
금성구가
손목선

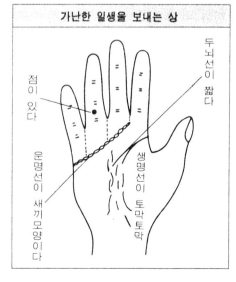

가난한 일생을 보내는 상

두뇌선이 짧다
점이 있다
운명선이 새끼모양이다
생명선이 토막토막

타인의 원조(援助)로 득재(得財)할 상(相)

● 운명선이 월구(月丘)에서 나와 상승하였고, 게다가 뚜렷한 선이라면 남의 힘이나 또는 인기에 의하여 운이 열린다고 본다. 즉 자기의 노력 이상의 것을 손에 잡을 수 있는 복된 재운이 있다고 보는 것이다.

● 태양선의 끝에 깨끗한 성문(*)이 있다면 뜻하지 않는 재산을 손에 잡을 가능성이 있음으로 남몰래 기대해도 좋을 것이다. 특히 만년(晩年)이 되어서 크게 재운이 트이고 풍부하게 될 복된 별이므로 조급하게 서둘지 말고 착실하게 노력하면서 때를 기다려도 좋을 것이다.

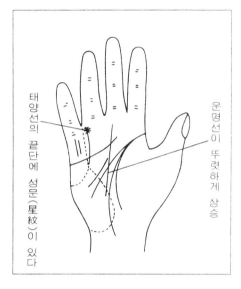

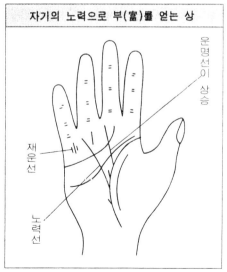

자기의 노력으로 부(富)를 얻는 상

착실형(着實型)의 상(相)

● 무지(拇指)의 맨 아랫마디에 2중의 선이 잘리지 않고 뚜렷하고 강하게 새겨져 있는 사람은 어떠한 경우에도 재운이 등을 돌리지 않는다는 건실한 상(相)의 소유자이다.

● 생명선과 두뇌선의 기점(起點)이 같은 곳에서 나오고 게다가 인지(人指)와 중지(中指)의 중간 부분에서 아래쪽으로 멀리 떨어져 있다면 조심성이 많은 형이고 꼼꼼한 성미에서 건실하게 잡은 돈은 놓치지 않고 큰 돈벌이를 할 것이다.

그러나 건곤일척(乾坤一擲) 큰 벌이를 하겠다고 나서지는 말아야 한다.

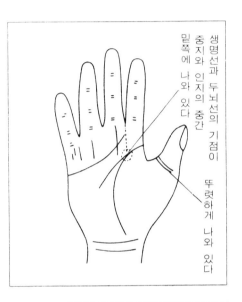

생명선과 두뇌선의 기점이 중지와 인지의 중간 밑쪽에 나와 있다

뚜렷하게 나와 있다

일확천금을 얻을 상

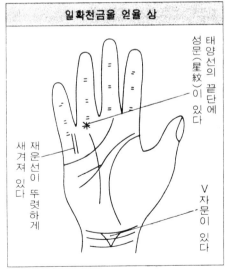

태양선의 끝단에 성문(星紋)이 있다

재운선이 뚜렷하게 새겨져 있다

V자문이 있다

인색한 형(型)의 상(相)

● 중지(中指)의 맨 아랫마디에 마름모꼴(◇)이 있는 사람은 대단히 금전에 대한 집착심이 강하고 빌려 준 돈을 되돌려 받기 위해서는 병자의 이불조차 억지로 벗겨버린다 할지라도 태연하게 있을 만한 인색형이다.

● 또한 가운데 마디에 정(井)자문이 있는 사람도 인색하기 짝이 없는 형으로서 인생만사 돈이면 다 통한다고 생각하고 있으므로 때때로 수전노라 손가락질을 받게 될 것이다.

● 아주 자연스럽게 손을 앞으로 내어 밀었을때, 손을 움츠려서 내어 미는 사람은, 빈틈이 없고 검소한 「타입」이다.

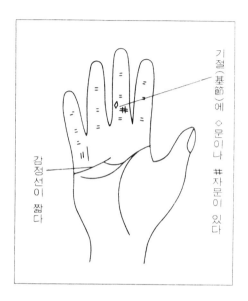

기절(基節)에 ◇문이나 ♯자문이 있다

감정선이 짧다

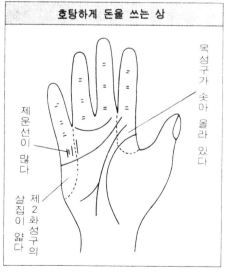

호탕하게 돈을 쓰는 상

목성구가 솟아 올라 있다

제운선이 많다

제2화성구의 살집이 얇다

뜻밖의 횡재(橫財)할 상(相)

● 운명선의 밑부분에 월구(月丘)쪽에서 상승하는 조그마한 선이 부딪쳐 있으면, 토지나 건물 등의 부동산운이 강한 사람과 결혼하거나 뜻하지 않은 후원자가 있거나 해서 자기 자신도 횡재하게 될 것이다.

● 역시 월구에서 운명선에 부딪치는 선일지라도 그 출발점이 월구 깊숙한 곳에서 나온 것인 경우는 인기나 원조 등을 얻게 될 기대와 동시에, 때로는 유산 등에 대하여 부동산을 비롯하여 재산을 얻을 가능성이 있다고 본다. 역시 행운과 결부될 선이다.

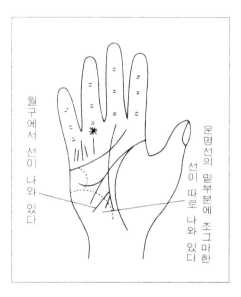

월구에서 선이 나와 있다

운명선의 밑부분에 조그마한 선이 따로 나와 있다

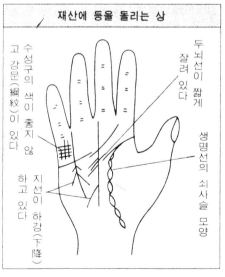

재산에 등을 돌리는 상

수성구의 색이 좋지 않고 강문(綱紋)이 있다

지선이 하강(下降)하고 있다

두뇌선이 짧게 잘려 있다

생명선의 쇠사슬 모양

부동산운(不動産運)에 강한 상(相)

● 다섯손가락의 맨 아랫마디의 살집이 제각기 풍부할 것 같으면 길운(吉運)으로 보거니와 특히 중지의 맨 아랫마디에 살집이 풍부하거나 거기에 천(川)자문이 있는 경우는 땅이나 부동산을 손에 잡을 수 있다고 본다.

● 손목선이 완전하게 네줄 새겨져 있고 그것들이 잘리거나 난조가 없는 경우는 부동산 등의 재산을 손에 잡을 수 있는 멋진 상(相)이라 본다. 또 이 손목선에 V자형의 문선(紋線)이 있다면 예기치 않는 재산을 얻게 될 암시로서 그 문선이 손목의 중앙에 있으면 부동산을 뜻하는 것이다.

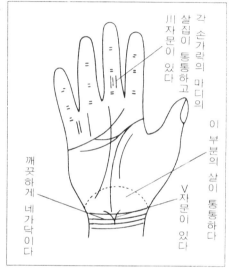

각 손가락의 마디의
살집이 통통하고
川자문이 있다
깨끗하게 네가닥이다
이 부분의 살이 통통하다
V자문이 있다

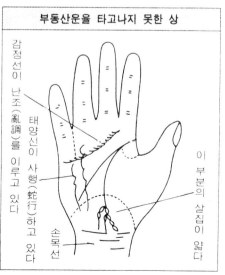

부동산운을 타고나지 못한 상

감정선이 난조(亂調)를 이루고 있다
태양신이 사행(蛇行)하고 있다
손목선
이 부분의 살집이 얇다

돈이 나가기 쉬운 형(型)인 상(相)

● 자연스럽게 손을 폈을 때 무지(拇指)와 인지(人指) 사이의 각도는 일반적으로 45도 전후인 것이다. 그런데 사람에 따라서 그 이상으로 각도가 크게 되기도 한다. 이것은 보다 큰 각도 일수록 경제관념이 희박해지는 것으로 본다. 만약 90도 가까이나 벌리게 된다면 그 사람은 사치스러운 낭비가라 하겠다.

● 생명선의 곡선의 부푼 정도가 작고, 금성구의 면적이 좁고 장도(張度)가 없는 사람은 금전에의 의욕이 결여되어 있기 때문에, 출비(出費)도 상당히 많은 결과가 되는 것이다.

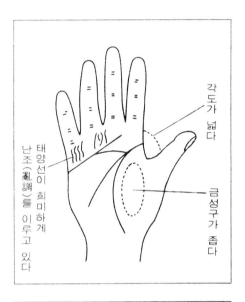

각도가 넓다

금성구가 좁다

태양선이 희미하게 난조(亂調)를 이루고 있다

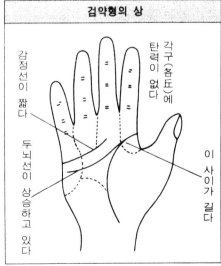

검약형의 상

감정선이 짧다

두뇌선이 상승하고 있다

각구(谷도)에 탄력이 없다

이 사이가 길다

내기에 강(强)한 상(相)

● 약지가 표준보다 긴 것은 내기, 도박 등에 강하기 위해서는 꼭 필요한 조건이다.

● 태양구가 풍부하고 태양구의 손금이 중심의 △꼴이 태양구의 정중앙에 똑바로 위치하고 있는 데다가 손금의 융선(隆線)이 아름다우면 내기노름에 강한 것으로 본다.

● 태양선이 비록 짧을지라도 뚜렷하게 새겨져있고 게다가 그것이 제2화성구에서 나와 있는 것이라면 길운(吉運)이라 본다. 그리고 다시 약지에 깨끗한 천(川)자문이 있다면 그 상(相)은 내기에 아주 강한 것을 나타낸다.

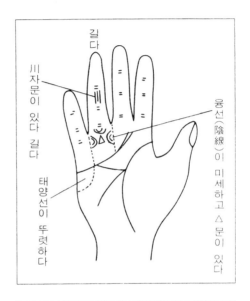

川자문이 있다
길다

길다

융선(陰線)이 미세하고 △문이 있다

태양선이 뚜렷하다

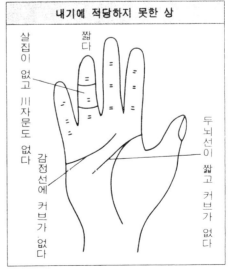

내기에 적당하지 못한 상

살집이 없고 川자문도 없다

짧다

감전선에 커브가 없다

두뇌선이 짧고 커브가 없다

❖ 가정운(家庭運)을 점(占)친다 ❖

가정은 생활의 기반이다. 설사 근무처에서나 어느 곳에서 불쾌한 일이 있을지라도, 가정이 원만하다면 휴식과 안정을 기할 수 있는 것이다. 당신 자신과 함께 약혼자 또는 배우자의 수상도 살짝 보기로 하자.

가정운(家庭運)을 점(占)치는 요령(要領)

◉ **생명선의 안쪽을 본다.** 생명선은 1센티미터 정도의 폭에 살집이 남짓하게 탄력이 있다면 가정에서는 별 말썽이 없는 것으로 본다. 그 살집이 빈약하다면 가정불화가 일어나기 쉽겠다.

◉ **손바닥의 아랫부분을 본다.** 손바닥을 3등분해서 그 맨 아래쪽 부분을 다시 3등분했을 때 가장 아랫부분의 살집이 남짓하지 못하면 이것 저것 가정에서 불만을 품기 쉽겠고 문제를 일으킬 것만 같다.

◉ **장구(掌丘)를 본다.** 손바닥 중앙의 화성평원이 생명선 쪽으로 기울어서 움푹 들어가 있는 상은 가정의 번뇌가 많은 경향이겠다. 태양구나 수성구의 남짓함도 가정운에 영향을 미치게 된다. 태양구는 정신적인 행복도(幸福度), 수성구는 인간관계를 나타낸다.

◉ **손금(문선＝紋線)을 본다.** 결혼선은 당연히 가정운과 밀접한 관계가 있다. 결혼선이 2등분되어 있거나 내려쳐져 있는 것 같거나 극단적으로 상향(上向)이거나 난조(亂調)가 있거나 하면, 불안이 따라붙게 되기 마련이다. 그리고 운명선 또는 태양선이 생명선의 안쪽에서 나와 있으면 지금까지 자기가 생각한 데로 걸어오지 못한데 대한 불만이 나타나서 짜증이 나겠지만, 그 짜증이 가정을 어둡게 한다. 또 태양선이 감정선 위에만 있고 아래로 전연 나와 있지 않은 사람은, 성인이 되기까지 행복을 느끼지를 못하기 일쑤이고, 불만이 많은 나날을 보내게 될른지 모른다. 이것도 역시 가징운의 하나이다.

가정형('家庭型)인 상(相)

● 큰 손인 사람은 신중파이지만 그 가운데서 특히 손바닥의 3분의 1부분이 풍부하면 안정형의 사람이다. 이러한 사람은 생활의 기반인 가정을 굳굳하게 지키려고 할 것이다.

● 생명선의 안쪽 1센티미터 폭의 부분이 남짓한 사람은 가정 안태의 상(相)이라고 할 수 있다.

● 아무 생각없이 손을 내어 밀었을 때, 중지와 약지를 붙이고 있는 사람은 자기와 가족이 서로 밀접하게 결부되어 있음을 소망하는 형이다. 이러한 사람이 바로 가정 지향형인 사람이다.

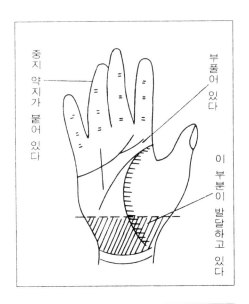

맑은 일에 열중하는 상

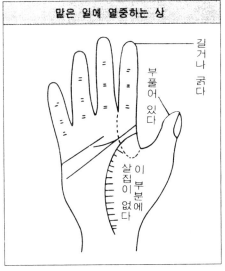

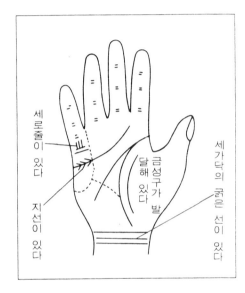 자식복(子息福)을 타고 난 상(相)

● 정력을 보는 금성구가 풍부한 것과 대인관계를 원만하게 하는 것인 수성구의 탄력이 있어야 한다는 것이 최대의 조건이 된다.

● 감정선의 기점 부근에 지선(枝線)이 많으면 역시 자녀가 많은 상(相)이라 하겠으며, 크게 기대되는 바 있다.

● 결혼선상에 세로의 지선(枝線)이 많은 것도 자녀복을 나타내는 요인이 된다. 이 조그마한 선은 별칭 홀몬선이라고도 한다.

● 손목선이 굵고 세 가닥쯤 있으면 자녀복을 보는 면에 있이서 길운(吉運)이라 하겠다.

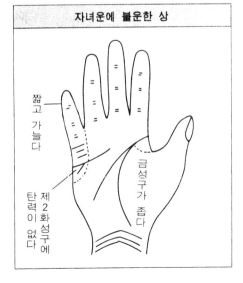

시어머니와 사이가 나쁜 상(相)

● 제1화성구가 잘 발달해 있고 제2화성구가 음푹한 사람은 자존심이 강하고 게다가 나쁘게 말해서 고집쟁이의 성격 소유자이기 때문에 시어머니와 사소한 일로도 싸우기 일쑤이다.

● 감정선이 길고 곧게 새겨져 있고 태양선이 난조를 이루고 있으면 항상 무엇인가 마음에 불만을 품고 있는 사람이므로 남들과의 시비와 다툼이 많게 된다.

● 약지 아래의 태양구 뒷면(손등쪽)에 저승점이 있으면 싸움이 끊일 사이가 없다고 본다.

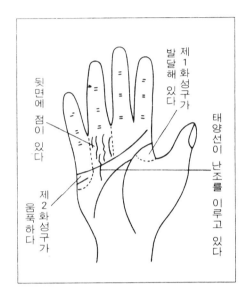

뒷면에 점이 있다

제1화성구가 발달해 있다

태양선이 난조를 이루고 있다

제2화성구가 움푹하다

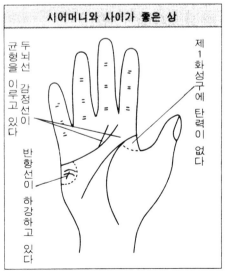

시어머니와 사이가 좋은 상

두뇌선 감정선이 균형을 이루고 있다

제1화성구에 탄력이 없다

반항선이 하강하고 있다

🏠 이혼(離婚)하기 쉬운 상(相)

● 제2화성구가 움푹하고 게다가 저승점이 있다면 인내력이 없고 여러가지 일로 곧잘 싫증을 일으키고 마는 상(相)이다. 이와같은 사람은 이혼하기 쉽다고 일컬어지고 있으므로 주의가 필요하다.

● 결혼선이 하강하고 있을 때는 부부이별의 징조가 있으므로 충분한 조심이 필요하다. 또 결혼선이 두 가닥이거나 십(+)자문, ×자문이 있는 경우에는 대단히 불만이 많아질 때이므로 기혼자에게 있어서는 이혼의 징조가 있을 것으로 본다.

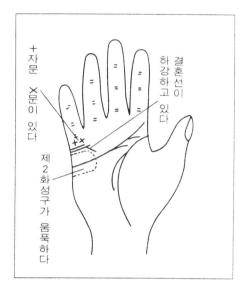

+자문 ×문이 있다

결혼선이 하강하고 있다

제2화성구가 움푹하다

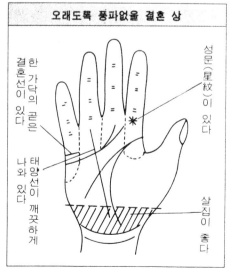

오래도록 풍파없을 결혼 상

한 가닥의 곧은 결혼선이 있다

나와 있다 태양선이 깨끗하게

성문(星紋)이 있다

살집이 좋다

가정내의 장식(裝飾)에 열중하는 상(相)

● 각 손가락의 끝이 뾰족하고 얄팍하고 각 손가락의 맨 아랫마디가 풍부한 사람은 재주가 많은 형으로서 이곳 저곳으로 눈길이 닿는 사람이다. 실내장식마저도 스스로 손질을 해서 적극적으로 개조해 나갈 것이다.

조그마한 태양선이 몇 가닥 있다면 실내장식에 손을 대고 싶은 사람이다.

● 금성구 아래쪽과 월구의 아래쪽 부분에 동그라미(○)문(紋)이 있는 사람은 자기의 주거를 소중히 하는 사람이다. 또 여러 가지로 자기의 아이디어를 살려서 연구를 할 것으로 본다.

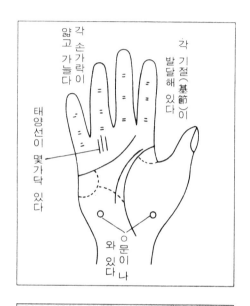

각 손가락이 얇고 가늘다

각 기절(基節)이 발달해 있다

태양선이 몇 가닥 있다

문이 나와 있다

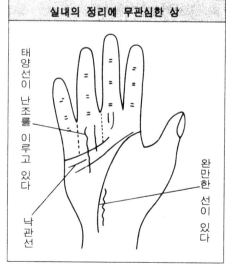

실내의 정리에 무관심한 상

태양선이 난조를 이루고 있다

낙관선

완만한 선이 있다

교육(敎育)에 열성(熱誠)이 대단한 상(相)

● 각 손가락의 가운데 마디가 긴 사람은 자녀의 교육에 열성이 대단한 형이다. 특히 약지의 가운데 마디가 긴 사람은 보다 강열하게 교육을 위해서 치마바람을 일으키기 쉬울 것으로 본다.

● 두뇌선이 길고 곧게 뻗쳐 있는 상은 현실적인 성격이고 게다가 지적인 것을 추구하는 것이므로 자기의 자녀들 교육에도 보다 많이 배려한다고 본다.

● 자녀선이 굵다는 것은 아이들을 감싸는 데 열중하는 상이다. 당연히 아이들을 잘 구슬러서 공부도 잘 시킬 수 있다고 본다.

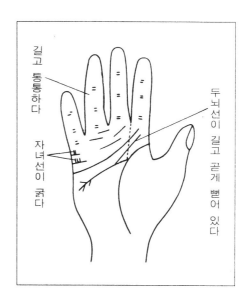

길고 통통하다

자녀선이 굵다

두뇌선이 길고 곧게 뻗어 있다

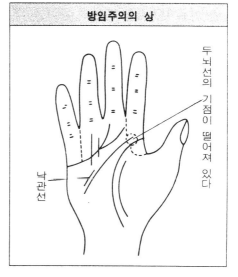

방임주의의 상

두뇌선의 기점이 떨어져 있다

낙관선

250

🏠 부모 형제 친척때문에 고생할 상(相)

● 무지(拇指)가 짧게 아래로 처져 있거나 무지(拇指)에 저승점이 있는 사람은 양친에 관한 일로 고생할 것이다.

● 제1화성구에 저승점이 있으면 형제자매의 문제로 괴로워하거나 고생을 하게 될 것이다.

● 금성구의 아래쪽 1센티미터 정도의 부분 안에 가느다란 (+) 자문이나 X문이 있는 상(相)을 지닌 사람은 부모나 형제자매 뿐만 아니라 친척인 사람들로 인하여 고생을 하게 될 것 같다. 또 같은 부분에 점이 있는 사람도 또한 같다.

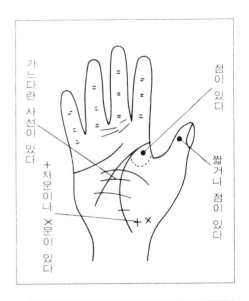

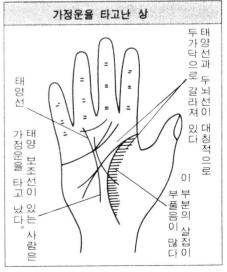

가정운을 타고난 상

★신개념 한국명리학총서(전15권)★   (금액 194,000원)

① 행복을 찾고 불행을 막는 점성술
정용빈 편저/신국판 204쪽/정가 12,000원
자연학의 원리를 이용하여 모순을 만나게 되는
것을 알 수 있게 하여 불운을 쫓아내는 것이 육
갑법 점성술이다.

② 손금으로 자기운명 알 수 있다
백준기 역/신국판 252쪽/정가 12,000원
뇌의 中樞神經의 작용이 손에 집중되어 표현되
는 사실을 도해로 설명하면서, 장래의 예지 등을
제시한다.

③ 얼굴은 이래야 환영받는다
백준기 역/신국판 240쪽/정가 12,000원
관상의 기본이 되는 三質論의 상세한 해설을 비
롯, 인상의 연령 변화, 복합관상 등, 결과에 따
른 원인을 구명했다.

④ 사주팔자 보면 내운명 알 수 있다
정용빈 편저/신국판 380쪽/정가 18,000원
12천성과 음양 오행의 심오한 이치를 누구나 알
기 쉽게 재정립한 사주 명리학의 결정판

⑤ 꿈해몽은 이렇게 한다
정용빈 편저/신국판 250쪽/정가 14,000원
꿈에는 자신의 희미한 성패의 비밀이 숨겨져 있
어 이를 풀이하고, 역사적 인물들이 남긴 꿈들을
수록했다.

⑤ 여성사주로 여성운명을 알 수 있다
진옥숙 저/정용빈 역/신국판 254쪽/정가 12,000원
연애·결혼·건강·사업 등, 동양의 별의 비법이 밝히
는 여성의 운명, 너무도 정확해서 겁이 날 정도
다.

⑦ 풍수지리야 좋은 산소터 보기
정용빈 편저/신국판 262쪽/정가 12,000원
산소 자리를 가려서 육체와 혼백을 잘 모시면
신령(神靈)이 편안하고 자손 또한 편안하다.

※ 출판할 원고나 자료 가지고 계신 분
출판하여 드립니다.
문의 ☎ 02-2636-2911번으로 연락

⑧ 이름감정과 이름짓는 법
성명철학연구회 편/신국판 260쪽/정가 12,000원
기초 지식부터 이름 짓는 방법, 성명감점 방법,
이름으로 身數를 아는 방법 등을 자세히 설명했
다.

⑨ 나이로 본 궁합법
김용호 지음/신국판 334쪽/정가 14,000원
생년·월·일만 알면 생년의 구성을 주로 하여 생원
을 가미시켜 조심자도 알기 쉽게 했다.

⑩ 십이지(띠)로 내 평생 운세를 본다
김용호 편저/신국판 290쪽/정가 14,000원
동양철학의 정수인 간지(干支)와 구성(九星)학을
통하여 스스로의 찬성, 진운, 길흉을 예지하기
쉽게 기술했다.

⑪ 이런 이름이 출세하는 이름
정용빈 편저/신국판 227쪽/정가 12,000원
성명 철리(哲理)의 문헌을 토대로하여 누구나 좋
은 이름을 지을 수 있도록 쉽게 정리했다.

⑫ 오감에서 여성 운세 능력 개발할 수 있다
김진태 편저/신국판 260쪽/정가 12,000원
미각·촉각·후각·청각·시각을 이용하여 교제 능력을
키우고, 자신의 운세를 개발할 수 있도록 했다.

⑬ 신랑신부 행복한 궁합
김용호 편저/신국판 250쪽/정가 12,000원
역리학적인 사주명리의 방법 외에 첫 인상, 관
상, 수상, 구성학, 납음오행 등을 기호에 맞게
기술했다.

⑭ 택일을 잘해야 행복하다
정용빈 편저/신국판 260쪽/정가 12,000원

⑮ 달점으로 미래운명 보기
문(moon)무라모또 저/사공혜신 역/신국판 280쪽/
정가 14,000원

신개념 한국명리학총서 2

손금으로 **자기운명** 알 수 있다	定價 12,000원

2011年 4月 25日 1판 인쇄
2011年 4月 30日 1판 발행

번 역 : 백 준 기
(松 園 版)
발행인 : 김 현 호
발행처 : 법문 북스
공급처 : 법률미디어

152-050
서울 구로구 구로동 636-62

TEL : 2636-2911~3, FAX : 2636~3012

등록 : 1979년 8월 27일 제5-22호

Home : www.lawb.co.kr

▌ISBN 978-89-7535-199-0 04150